企业新型学徒制电工中级实训教程

主　编　陈小娟　吴伟龙
副主编　甘守武　刘　源　漆海帮

重庆大学出版社

内容提要

本书详细地从安全规范、电机与电气控制、电子技术基础、可编程控制器(PLC)与变频器4个方面介绍了中级电工需要掌握的相关操作技能,采用功能模块化教学,内容上力求体现"以职业活动为导向,以职业技能为核心"的指导思想,突出新型学徒制职业培训特色。本书定位为中级电工的职业技能培训实训教材,内容从实际操作角度出发,配套该书的理论教程,适用于企业参加技能鉴定培训的人员自学使用,也可供机电一体化专业技校师生、从事电工工作的技术人员阅读,是电工职业技能培训与鉴定的辅导用书。

图书在版编目(CIP)数据

企业新型学徒制电工中级实训教程/陈小娟,吴伟

龙主编. -- 重庆:重庆大学出版社,2021.1

ISBN 978-7-5689-2354-5

Ⅰ.①企… Ⅱ.①陈… ②吴… Ⅲ.①汽车—电工—

技术培训—教材 Ⅳ.①U463.6

中国版本图书馆 CIP 数据核字(2020)第 175109 号

企业新型学徒制电工中级实训教程

主 编 陈小娟 吴伟龙

副主编 甘守武 刘 源 漆海帮

责任编辑:周 立 付 勇   版式设计:周 立

责任校对:刘志刚   责任印制:张 策

*

重庆大学出版社出版发行

出版人:饶帮华

社址:重庆市沙坪坝区大学城西路 21 号

邮编:401331

电话:(023)88617190 88617185(中小学)

传真:(023)88617186 88617166

网址:http://www.cqup.com.cn

邮箱:fxk@cqup.com.cn(营销中心)

全国新华书店经销

重庆荟文印务有限公司印刷

*

开本:787mm×1092mm 1/16 印张:12.25 字数:308 千

2021 年 1 月第 1 版   2021 年 1 月第 1 次印刷

印数:1—1 000

ISBN 978-7-5689-2354-5 定价:46.00 元

前 言

随着电气自动化的发展,电工技术的发展正快速趋向于电子化、自动化和智能化,人们在生产和生活中大量使用电气设备和家用电器。在使用电能的过程中,为了保障人身和设备的安全,需要服从生产现场管理,注意安全用电,掌握电工操作基本技能。本书是一本新形态实用型实训教程,将"安全规范、电机与电气控制、电子技术基础和可编程控制器(PLC)与变频器"4 大职业功能模块 22 个任务联系起来,每个任务以电工岗位出发,以企业实际工作过程为引线,以电工操作技能为向导,着眼培养电工维修应用复合型人才。

本书综合了电工技术方面的基础知识,并涉及各种电工技能操作方法,从而与电工考核等后续内容实现了紧密链接。

本书具有以下特色:

1. 根据教学实际需求配置了课程相关微课视频、动画、实验等数字化教学资源和二维码,数字化教学资源全部上传到出版社教材及资源平台,方便教师和学生更好地使用教材内容,教师和学生可以通过扫码教材封底二维码或者登陆重庆大学出版社教材平台,使用手机、电脑、ipad 等移动终端,进行资源的在线观看、浏览,教师可以在线备课,学生可根据实践需求进行线上和线下学习。

2. 作为企业新型学徒制培训技能教程(电工)的教材,在指导思想方面,以职业综合能力培养为中心,内容选择方面既注重实际应用又强调必要的知识基础。

3. 编写内容紧密结合电工技术的最新应用。在介绍知识和实验方面涉及了电工技术的各大技能,如常用电工工具的综合使用、三相四线有功电能表的接线、三相异步电动机绝缘性能测试、三相异步电动机定子绕组首尾端判断、双极型三极管的检测、三项异步电动机的正反转控制等。这对电工技术的学习和后续课程的学习都是十分必要的。

4. 注意知识内容与认知过程和思维方法的自然结合。本书根据作者多年的教学经验,从提出问题到分析、归纳结论等都注意到对学生的引导作用,各章节的安排和内容的阐述都注意"宏观——微观——综合"、"实践——理论——实践"的认知规律,便于在教学中体现"教师为主导、学生为主体"的原则。

5. 本书内容精炼,摒弃了一些较深的理论推导,深入浅出。

本书按照"培养应用能力强、知识面宽、素质高"的人才培养目标,编写过程中紧密结合新型学徒制的教育特点,主动适应社会实际需要,突出应用性、针对性、实践性。内容叙述力求深入浅出,将知识点与能力点有机结合,注重培养学生职业素养、工程应用能力和解决现场实际问题的能力。本教材每个章节之后均有实践内容,可大大提高学生的实践能力。

本书由重庆电子工程职业学院陈小娟、吴伟龙、甘守武、漆海帮以及重庆长安汽车股份有限公司刘源等共同撰写完成,陈小娟担任第一主编,负责职业功能 1 的撰写及统稿,吴伟龙负责职业功能 2、职业功能 4 的撰写,甘守武、漆海帮作为副主编负责职业功能 3 的撰写,刘源作为副主编为全书提供技能训练指导素材和参考数据,并提供电工技能操作指导。

本书得到了学校多位资深教授教师和实验/实训室高级工程师的大力帮助及指导,编者在此表示衷心的感谢。

限于编者水平有限,书中难免有疏漏错误或不妥之处,敬祈广大师生和读者批评指正。

编　者
2020 年 4 月

目　录

职业功能 1　安全规范 ……………………………………………………………… 1

任务 1.1　生产现场管理 ……………………………………………………………… 2

技能训练　设计"6S"管理方案 …………………………………………………… 7

任务 1.2　触电急救措施 ……………………………………………………………… 9

技能训练 1　口对口人工呼吸 …………………………………………………… 12

技能训练 2　胸外心脏挤压 ……………………………………………………… 13

任务 1.3　常用电工工具的使用 ………………………………………………… 15

技能训练　常用电工工具的使用 ………………………………………………… 20

任务 1.4　常用电工仪表的使用 ………………………………………………… 22

技能训练 1　兆欧表的使用 ……………………………………………………… 27

技能训练 2　三相四线有功电能表的接线 ……………………………………… 29

任务 1.5　导线的连接与绝缘恢复 ……………………………………………… 31

技能训练　铜导线的连接 ………………………………………………………… 37

职业功能 2　电机与电气控制 ………………………………………………… 40

任务 2.1　电机结构与绝缘性能测试 …………………………………………… 41

技能训练　三相异步电动机绝缘性能测试 ……………………………………… 45

任务 2.2　异步电动机典型控制电路的安装与调试 …………………………… 46

技能训练　三相异步电动机定子绕组首尾端判断 ……………………………… 48

任务 2.3　异步电动机自锁控制电路的安装与调试 …………………………… 50

技能训练　三相异步电动机点动及自锁控制电路的安装与调试 ……………… 52

任务 2.4　异步电动机正反转控制电路的安装与调试 ………………………… 54

技能训练　双重互锁的三相异步电动机正反转控制电路安装与调试 ………… 57

任务 2.5　异步电动机启动控制电路的安装与调试 …………………………… 58

技能训练　三相异步电动机星-三角形降压启动控制电路的安装与调试 ……… 61

任务 2.6　三相异步电动机顺序控制电路设计、安装与调试 ………………… 63

技能训练　三相异步电动机顺序控制电路的安装与调试 ……………………… 65

任务 2.7　双速电机控制电路的安装与调试 …………………………………… 67

技能训练　双速电机控制电路的安装与调试 …………………………………… 70

任务 2.8　三相异步电动机反接制动控制电路的安装与调试 ………………… 71

技能训练　三相异步电动机反接制动控制电路的安装与调试 ………………… 74

任务 2.9　电气控制电路故障检修方法 ………………………………………… 75

技能训练 1　三相异步电动机自锁控制电路故障排查 ………………………… 80

技能训练 2　三相异步电动机双重互锁正反转控制电路故障排查 ……………… 82

技能训练 3　三相异步电动机星-三角形降压启动控制电路故障排查 …………… 83

技能训练 4　双速电机手动控制电路故障排查 ……………………………………… 85

技能训练 5　CA6140 车床电气故障排查 …………………………………………… 86

职业功能 3　电子技术基础 …………………………………………………………… 89

任务 3.1　常用电子元件测试 ………………………………………………………… 89

技能训练 1　电阻器、电感器、电容器的检测 …………………………………… 97

技能训练 2　半导体二极管的检测 ………………………………………………… 100

技能训练 3　双极型三极管的检测 ………………………………………………… 103

技能训练 4　单向晶闸管的检测 …………………………………………………… 105

任务 3.2　常用电子电路安装与调试 ……………………………………………… 107

技能训练 1　直流稳压电源电路的连接与测试 ………………………………… 110

技能训练 2　单向晶闸管调光电路的连接与测试 ……………………………… 112

任务 3.3　典型电子电路测试 ……………………………………………………… 116

技能训练 1　共发射极放大电路性能测试 ……………………………………… 123

技能训练 2　μA741 放大电路性能测试 ………………………………………… 126

技能训练 3　互补对称功率放大电路的连接与测试 …………………………… 129

任务 3.4　微型收音机的安装、焊接与调试 ……………………………………… 132

技能训练 1　电路焊接和拆焊的基本方法 ……………………………………… 136

技能训练 2　微型收音机的安装、焊接与调试 ………………………………… 138

任务 3.5　函数信号发生器及双踪示波器的使用 ………………………………… 147

技能训练 1　函数信号发生器的使用 …………………………………………… 151

技能训练 2　双踪示波器的使用 ………………………………………………… 153

职业功能 4　可编程控制器技术 ……………………………………………………… 156

任务 4.1　学会使用 PLC 基本逻辑指令 …………………………………………… 156

技能训练 1　熟悉 STEP7 编程软件及基本逻辑指令 ………………………… 161

技能训练 2　三相异步电动机的启停控制 ……………………………………… 165

技能训练 3　三相异步电动机的正反转控制 …………………………………… 167

技能训练 4　三组抢答器的设计 ………………………………………………… 169

任务 4.2　定时器与计数器指令及应用 …………………………………………… 171

技能训练 1　三台电动机的顺序启动控制 ……………………………………… 176

技能训练 2　产品数量自动检测 ………………………………………………… 177

任务 4.3　S7-200 顺序控制指令及应用 ………………………………………… 179

技能训练 1　皮带运输机的控制 ………………………………………………… 183

技能训练 2　交通灯的控制 ……………………………………………………… 185

参考文献 ………………………………………………………………………………… 188

职业功能 *1*

安全规范

本模块为电工(中级)国家职业技能标准中的职业功能1,主要包括生产现场管理、触电急救措施、电工工具及仪表的使用、导线的连接与绝缘恢复,共包括 5 个工作内容,7 个技能点。

工作内容
1.1　生产现场管理
1.2　触电急救措施
1.3　常用电工工具的使用
1.4　常用电工仪表的使用
1.5　导线的连接与绝缘恢复

随着电气化的发展,人们在生产和生活中大量使用电气设备和家用电器。在使用电能的过程中,为了保障人身和设备的安全,需要服从生产现场管理、注意安全用电;熟知安全文明生产的各个环节,养成良好的职业习惯;熟练使用常用电工工具及仪表,掌握导线连接与绝缘恢复等电工操作基本技能。

任务 1.1　生产现场管理

 相关知识

1.1.1　6S 管理

"6S"管理：即整理（SEIRI）、整顿（SEITON）、清扫（SEISO）、清洁（SEIKETSU）、素养（SHITSUKE）、安全（SAFETY），指的是在生产现场对人员、机器、材料、方法、环境，实施有效管理的活动。又被称为"六常法则"或"六常法"。

"6S"起源于日本，通过规范现场、现物，营造一目了然的工作环境，培养员工良好的工作习惯，是日式企业独特的一种管理方法，其最终目的是提升人的品质：

去除马虎之心，养成凡事认真的习惯（认认真真地对待工作中的每一件"小事"）；

遵守规定的习惯；

自觉维护工作环境整洁明了的良好习惯；

文明礼貌的习惯。

1. 整理（SEIRI）：要与不要、坚决留弃

（1）整理定义

①将工作场所的任何东西区分为有必要的与不必要的；

②把必要的东西与不必要的东西明确地、严格地区分开来；

③将不必要的东西尽快处理掉。

（2）目的

①腾出空间，将空间活用；

②防止误用、误送；

③塑造清爽的工作场所。

生产过程中经常有一些残余物料、待修品、待返品、报废品等滞留在现场，甚至包括一些已无法使用的工夹具、量具、机器设备，这些东西如果不及时清除，既占据了地方又阻碍生产，还会使现场变得凌乱；因此生产现场摆放不要的物品是一种浪费，即使宽敞的工作场所，也将越变窄小；棚架、橱柜等被杂物占据而减少使用价值；增加寻找工具、零件等物品的困难，浪费时间；物品杂乱无章的摆放，增加盘点的困难，成本核算失准。

（3）注意点

要有决心，不必要的物品应断然地加以处置。

（4）实施要领

①自己的工作场所（范围）应全面检查，包括看得到和看不到的地方；

②制订"要"和"不要"的判别基准；

③将不要物品清除出工作场所；

④对需要的物品调查使用频度，决定日常用量及放置位置；

⑤制订废弃物处理方法；

⑥每日自我检查。

2. 整顿(SEITON):科学布局、取拿便捷

(1)整顿定义

①对整理之后,留在现场的必要的物品要分门别类放置,并排列整齐;

②明确数量,并进行有效标识。

(2)目的

①工作场所一目了然;

②整整齐齐的工作环境;

③减少找寻物品的时间;

④消除过多的积压物品。

(3)注意点

整顿是提高效率的基础。

(4)实施要领

①前一步骤整理的工作要落实;

②流程布置,确定放置场所;

③规定放置方法、明确数量;

④划线定位;

⑤场所、物品标识。

(5)整顿的"3 要素":场所、方法、标识

1)放置场所

①物品的放置场所原则上要100%设定;

②物品的保管要定点、定容、定量;

③生产线附近只能放真正需要的物品。

2)放置方法

①易取;

②不超出所规定的范围;

③在放置方法上多下功夫。

3)标识方法

①放置场所和物品原则上一对一表示;

②现物的表示和放置场所的表示;

③某些表示方法全公司要统一;

④在表示方法上多下功夫。

(6)整顿的"3 定"原则:定点、定容、定量

①定点:放在哪里合适;

②定容:用什么容器、颜色;

③定量:规定合适的数量。

3. 清扫(SEISO):扫除垃圾、美化环境

(1)清扫定义

①将工作场所清扫干净;

②保持工作场所干净、亮丽。

（2）目的

①消除脏污,保持职场内干干净净、明明亮亮;

②稳定品质;

③减少工业伤害。

（3）注意点

①责任化;

②制度化。

（4）实施要领

①建立清扫责任区（室内外）;

②执行例行扫除,清理脏污;

③调查污染源,予以杜绝或隔离;

④建立清扫基准,作为规范。

4. 清洁（SEIKETSU）:常抓不懈、坚持到底

（1）清洁定义

将前面的"3S"实施的做法制度化、规范化,并贯彻执行及维持结果。

（2）目的

维持前面"3S"的成果。

（3）注意点

制度化,定期检查。

（4）实施要领

①落实前面"3S"工作;

②制订考评方法;

③制订奖惩制度,加强执行;

④高阶主管经常带头巡查,以表重视。

5. 素养（SHITSUKE）:自觉遵守、养成习惯

（1）素养定义

通过晨会等手段,提高全员文明礼貌水准。培养每位成员养成良好的工作习惯,并遵守规则做事。开展"6S"容易,但长时间的维持必须靠素养的提升。

（2）目的

①培养具有良好习惯、遵守规则的员工;

②提高员工文明礼貌水准;

③营造团体精神。

（3）注意点

长期坚持,才能养成良好的习惯。

（4）实施要领

①制订服装、规范仪容、识别标准;

②制订共同遵守的有关规则、规定;

③制订礼仪守则；

④教育训练（新进人员强化"6S"教育、实践）；

⑤推动各种精神提升活动（晨会、礼貌运动等）。

6. 安全（SAVETY）：预防为主、系统推进

（1）定义

安全指企业在产品的生产过程中，能够在工作状态、行为、设备及管理等一系列活动中给员工带来安全又舒适的工作环境。

（2）目的

①发现安全隐患并予以及时消除；

②争取有效预防措施。

（3）注意点

前面"5S"的实施的前提。

（4）实施要领

①采取系统的措施保证人员、场地、物品等安全；

②系统的建立防伤病、防污、防火、防水、防盗、防损等安保措施。

1.1.2 "6S"现场管理法的推行步骤

1. 步骤1：成立推行组织

①推行委员会及办公室成立；

②组织职掌确定；

③委员的主要工作；

④编组及责任区划分。

2. 步骤2：拟订推行方针及目标

（1）方针制订

推动"6S"管理时，制订方针作为指导原则。

例一：告别昨日，挑战自我，塑造新形象；

例二：于细微之处着手，塑造公司新形象；

例三：规范现场、现物、提升人的品质。

方针的制订要结合企业具体情况，要有号召力。方针一旦制订，要广为宣传。

（2）目标制订

先设定期望目标，作为活动的努力方向，便于活动过程中成果检查。目标的制订也要同企业的具体情况相结合。

3. 步骤3：拟订工作计划及实施方法

①拟订日程计划作为推行及控制依据；

②收集资料及借鉴他厂做法；

③制订"6S"活动实施办法；

④制订要与不要的物品区分方法；

⑤制订"6S"活动评比的方法；

⑥制订"6S"活动奖惩办法；

⑦其他相关规定("6S"时间等)。

大的工作一定要有计划,以便大家对整个过程有一个整体的了解。项目责任者清楚自己和其他担当者的工作是什么及何时要完成,相互配合造就一种团队作战精神。

4. 步骤 4：教育

①每个部门对全员进行教育；

②"6S"现场管理法的内容及目的；

③"6S"现场管理法的实施方法；

④"6S"现场管理法的评比方法；

⑤新进员工的"6S"现场管理法训练。

教育是非常重要的,让员工了解"6S"活动能给工作及自己带来好处,让员工明白主动地去做,与被别人强迫着去做其效果是完全不同的。教育形式要多样化,讲课、放录像、观摩他厂案例或样板区域、学习推行手册等方式均可视情况加以使用。

5. 步骤 5：活动前的宣传造势

①"6S"活动要全员重视、参与才能取得良好的效果；

②最高主管发表宣言(晨会、内部报刊等)；

③海报、内部报刊宣传；

④宣传栏。

6. 步骤 6：实施

①前期作业准备；

②工厂"洗澡"运动(全体上下彻底大扫除)；

③建立地面划线及物品标识标准；

④"3 定""3 要素"展开；

⑤定点摄影；

⑥制作及实施"6S"日常确认表。

7. 步骤 7：活动评比办法确定

①加权系数：困难系数、人数系数、面积系数、教养系数；

②考核评分法。

8. 步骤 8：查核

①现场查核；

②"6S"问题点质疑、解答；

③举办各种活动及比赛(如征文活动等)。

9. 步骤 9：评比及奖惩

依"6S"活动竞赛办法进行评比,公布成绩,实施奖惩。

10. 步骤 10：检讨与修正

①各责任部门依缺点项目进行改善,不断提高；

②在"6S"活动中,适当的导入 QC 手法、IE 手法是很有必要的,能使"6S"活动推行得更

加顺利、更有成效。

11.步骤11：纳入定期管理活动中

①标准化、制度化的完善；

②实施各种"6S"现场管理法强化月活动。

需要强调的一点是，企业因其背景、架构、企业文化、人员素质的不同，推行时可能会有各种不同的问题出现，推行办法要根据实施过程中所遇到的具体问题，采取可行的对策，才能取得满意的效果。

1.1.3　"6S"现场管理法与其他管理活动的关系

①"6S"是现场管理的基础，是TPM（全面生产管理）的前提，是TQM（全面品质管理）的第一步，也是ISO 9000有效推行的保证。

②"6S"现场管理法能够营造一种"人人积极参与，事事遵守标准"的良好氛围。有了这种氛围，推行ISO、TQM及TPM就更容易获得员工的支持和配合，有利于调动员工的积极性，形成强大的推动力。

③实施ISO、TQM、TPM等活动的效果是隐蔽的、长期性的，一时难以看到显著的效果，而"6S"活动的效果是立竿见影。如果在推行ISO、TQM、TPM等活动的过程中导入"6S"，可以在短期内获得显著效果，以此来增强企业员工的信心。

④"6S"是现场管理的基础，"6S"水平的高低，代表着管理者对现场管理认识的高低，又决定了现场管理水平的高低。而现场管理水平的高低，决定了ISO、TPM、TQM活动能否顺利、有效地推行。通过"6S"活动，从现场管理着手改进企业"体质"，则能起到事半功倍的效果。

技能训练

技能训练　设计"6S"管理方案

一、设计对象

为实训中心设计"6S"管理管理方案。

二、设计方法

1.设计条件

组建方案小组，共同完成任务。

2.主要步骤

①现场诊断，调查实训中心管理现状，包括人员制度、库房制度、实训室学生管理制度、激励措施等；

②解决方案，设计实训中心"6S"管理方案；

③实施新方案。

3.结果分析

对比新方案与原管理制度的优劣：

①是否提高工作效率；

②是否提高满意度；

③是否提高库存周转率；

④是否减少故障；

⑤是否加强安全意识,减少安全隐患；

⑥是否养成节约的习惯；

⑦是否改善环境。

三、注意事项

①良好的环境,不能单靠添置设备,也不能指望别人创造,应充分依靠现场人员；

②"6S"活动需要持之以恒,不断优化。

四、技能训练记录

题目			
小组成员			
开始时间		完成时间	
过程记录			
效果分析			

五、考核要点与评分标准

序号	评分项	得分条件	配分	评分要求	得分	测评结果
1	安全/"6S"/态度	□1. 团结协作 □2. 项目完成	10	未完成1项扣5分,扣分不超过10分		□合格 □不合格
2	专业技术能力	□1. 熟知"6S"管理的内容 □2. 能按实际设计"6S"管理方案 □3. 能正确推行"6S"管理 □4. 能正确进行项目分析 □5. 能进行方案改进	30	未完成1项扣6分,扣分不超过30分		□合格 □不合格
3	组织协调能力	□1. 能正确进行团队管理 □2. 能正确协调工作	20	未完成1项扣10分,扣分不超过20分		□合格 □不合格
4	资料、信息查询能力	□1. 能正确查询资料 □2. 能正确收集资料 □3. 能在规定时间内整理资料 □4. 能正确记录数据	20	未完成1项扣5分,扣分不超过20分		□合格 □不合格
5	分析能力	□1. 能进行现场诊断,分析现状 □2. 能进行比较分析	10	未完成1项扣5分,扣分不超过10分		□合格 □不合格
6	表单填写与报告的撰写能力	□1. 字迹清晰 □2. 语句通顺 □3. 无错别字 □4. 无涂改 □5. 无抄袭	10	未完成1项扣2分,扣分不超过10分		□合格 □不合格

任务1.2 触电急救措施

相关知识

1.2.1 触电的方式

触电方式分为直接触电和间接触电。直接触电分为单相触电和两相触电。单相触电是指在人体和大地之间互不绝缘的情况下,人体的某一部分触及三相电源线中的任意一根导线时,电流从带电导体经过人体流入大地而造成的触电伤害。单相触电又分为中性点接地和中性点不接地两种情况。两相触电也叫相间触电,是指在人体和大地绝缘的情况下,同时接触到两根不同的相线,或者人体同时触及电气设备的两个不同的带电部位时,电流由一根相线经过人体到另一根相线,形成闭合回路。两相触电比单相触电更加危险。间接触电主要有跨步电压触电和接触电压触电。

9

①供电系统中性点接地的单相触电,如图 1.1 所示。

在中性点接地的供电系统中,人体触及三相电源中的某一相,电流经相线、人体、大地和中性点接地装置形成通路。

以在低压动力或照明线路中为例,发生中性点接地的单相触电时,通过人体的电流为:

$$I_b = \frac{U_P}{R_0 + R_b} = 219 \text{ mA} \gg 50 \text{ mA} \qquad 式(1.1)$$

式中: U_p——电源相电压(220 V);

    R_0——接地电阻≤4 Ω;

    R_b——人体电阻 1 000 Ω。

可见触电的后果很严重,且发生比例高,非常危险!

②供电系统中性点不接地的单相触电,如图 1.2 所示。

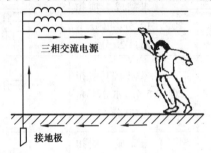 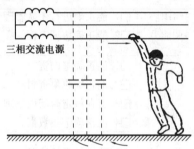

图 1.1　供电系统中性点接地的单相触电　　　　图 1.2　中性点不接地的单相触电

中性点不接地的供电系统,站在大地上的人体触及三相电中的某一相,由于相线与大地之间存在电容,所以有对地的电容电流从另外两相流入大地,并全部通过人体流入人体触及的相线。对地的电容电流越大,其危险性越大。

③两相触电,如图 1.3 所示。

两相触电比单相触电更危险,此时加在人体上的电压为线电压。

以在低压动力或照明线路中为例,发生两相触电时通过人体的电流为:

$$I_b = \frac{U_l}{R_b} = \frac{380}{1\ 000} = 0.38 \text{ A} \gg 219 \text{ mA} \gg 50 \text{ mA} \qquad 式(1.2)$$

④跨步电压触电,如图 1.4 所示。

 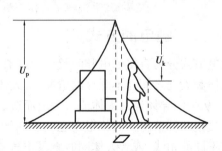

图 1.3　两相触电　　　　　　　　　图 1.4　跨步电压触电

当电气设备的绝缘损坏,或线路的某一相短线落地时,落地点的点位就是导线的电位,电流将从落地点或绝缘损坏处流入大地。形成以落地点为中心,向外辐射的一个电场,离落地点越远,电位越低。如果有人走近此区域,由于人的两脚电位不同,则在两脚之间出现电位差,称为跨步电压。离电流入地点越近,跨步电压越大;离电流入地点越远,跨步电压越小;在 20 m 以外,跨步电压很小,可以看作 0。

1.2.2　触电急救措施

1. 急救原则

使触电者尽快脱离电源。

拨打急救电话。

就地抢救。

触电现场急救要做到迅速、准确、就地、坚持。

急救时切不可用错误的方法处理触电者,如泼冷水、针刺人中、用导线绑在触电者身上"放电"等。

千万不要停止救治且长途送往医院。

如果呼吸停止,应采用口对口人工呼吸法,迫使其体内外气体交换得以维持;如果心脏停止跳动,应采用胸外心脏挤压法,维持人体内的血液循环;如果呼吸、脉搏均已停止,应交替使用人工呼吸法和胸外心脏挤压法。

2. 急救方法

(1)口对口人工呼吸法

①使触电者仰卧,将头偏向一侧,清除口中杂物,从而使呼吸道畅通,同时松开衣服、裤子,尤其是紧身衣物,以免影响呼吸时的胸廓和腹部自由扩张。使触电者颈部伸直,头部尽量后仰,鼻孔朝上,使舌根不致阻塞气流,如果舌头后缩,应拉出舌头;如果触电者牙关紧闭,可用木片、金属片从嘴角处伸入牙缝,慢慢撬开。

②救护者位于触电者头部一侧,一只手捏紧触电者的鼻孔(防止漏气),并用这只手的外缘压住额部,另一只手托住其颈部,将颈上抬。

③救护者深呼吸后,用嘴紧贴触电者的嘴(中间可垫一层纱布或薄布)大口吹气,约持续 2 s,同时观察触电者胸部的隆起程度,以确定吹气量的大小,一般以胸部有起伏为宜。

④吹气完毕换气时,应立即离开触电者的嘴,并放开捏紧的鼻孔,让其自动向外呼气,约持续 3 s。

⑤按照上述步骤连续不断地进行抢救,直到触电者恢复自主呼吸为止。对成年人吹气 14～16 次/min,大约 5 s 一个循环。对儿童吹气 18～24 次/min。

(2)胸外心脏挤压法

①使触电者仰卧在硬板或平整的硬地面上,松开衣裤,救护者跪跨在触电者腰部两侧。

②救护者将一只手的掌根按于触电者前胸,中指指尖对准颈根凹陷下边缘,另一只手压在该手背上呈交叠状,肘关节伸直,靠体重和臂与肩部的用力,向触电者脊柱方向慢慢压迫胸骨,使胸廓下陷 3～4 cm,使心脏受压,心室的血液被压出,流至触电者全身各部。

③双掌突然放松,依靠胸廓自身的弹性,使胸腔复位,让心脏舒张,血液流回心室。放松

时,交叠的两掌不要离开胸部,只是不加力而已。

重复②、③步骤,约60次左右/min。

技能训练1　口对口人工呼吸

一、设备及工具准备

假人、纱布、担架。

二、操作方法

①清理现场,检查电源是否切断;

②将假人移至平整地面;

③检查假人口腔是否有异物;

④整理假人衣物;

⑤按操作要领开始口对口人工呼吸。

三、注意事项

①注意应首先切断电源;

②注意检查胸腔隆起程度;

③吹气2 min后,应用听、看、试的方法在5 s的时间内完成对伤员呼吸和心跳是否恢复的判断。

四、技能训练记录

题目			
小组成员			
开始时间		完成时间	
过程记录			

续表

效果分析	

五、考核要点与评分标准

序号	评分项	得分条件	配分	评分要求	得分	测评结果
1	安全/"6S"/态度	□1.能进行环境观察 □2.能进行断电安全检查 □3.能进行自我安全防护 □4.能进行工具清洁、校准、存放操作	20	未完成1项扣5分,扣分不超过20分		□合格 □不合格
2	专业技术能力	□1.假人姿势摆放正确 □2.假人口腔检测正确 □3.操作位置正确 □4.操作顺序正确 □5.满足操作时间 □6.能正确判断施救效果	60	未完成1项扣10分,扣分不超过60分		□合格 □不合格
3	表单填写与报告的撰写能力	□1.字迹清晰 □2.语句通顺 □3.无错别字 □4.无涂改 □5.无抄袭	20	未完成1项扣4分,扣分不超过20分		□合格 □不合格

技能训练2　胸外心脏挤压

一、设备及工具准备

假人、担架。

二、操作方法

①清理现场,检查电源是否切断;
②将假人移至平整地面;
③按操作要领开始胸外心脏挤压。

三、注意事项

①双手姿势注意保持；

②要观察胸骨下陷距离；

③挤压 2 min 后，应用听、看、试的方法在 5 s 的时间内完成对伤员心跳是否恢复的判断。

四、技能训练记录

题目	
小组成员	
开始时间	完成时间
过程记录	
效果分析	

五、考核要点与评分标准

序号	评分项	得分条件	配分	评分要求	得分	测评结果
1	安全/"6S"/态度	□1. 能进行环境观察 □2. 能进行断电安全检查 □3. 能进行自我安全防护 □4. 能进行工具清洁、校准、存放操作	20	未完成 1 项扣 5 分，扣分不超过 20 分		□合格 □不合格
2	专业技术能力	□1. 假人姿势摆放正确 □2. 操作位置正确 □3. 操作顺序正确 □4. 满足操作时间 □5. 能正确判断施救效果	60	未完成 1 项扣 12 分，扣分不超过 60 分		□合格 □不合格

续表

序号	评分项	得分条件	配分	评分要求	得分	测评结果
3	表单填写与报告的撰写能力	□1.字迹清晰 □2.语句通顺 □3.无错别字 □4.无涂改 □5.无抄袭	20	未完成1项扣4分,扣分不超过20分		□合格 □不合格

任务1.3　常用电工工具的使用

相关知识

1.3.1　低压验电器(简称电笔)

正确使用电笔

1.功能

①用来检测对地电压60～500 V的低压电气设备和线路是否有电。

②区别相线与中性线。氖管发光的即为相线;正常情况触及零线不发光。

③区别直流电与交流电。交流电,氖管里的两个极同时发光;直流电,只有一个极发光,发光的一极为直流电的负极。

④区别电压的高低:氖管发光越强,电压越高。

2.使用方法

使用时,手指必须触及验电器尾部的金属部分(图1.5),并使氖管小窗背光且朝自己,以便观测氖管的亮暗程度,防止因光线太强造成错误判断。当用低压验电器测试带电体时,电流经带电体、低压验电器、人体及大地形成通电回路,只要带电体与大地之间的电位差超过60 V时,低压验电器中的氖管就会发光。低压验电器检测的电压范围为60～500 V。

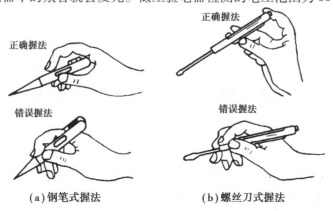

(a)钢笔式握法　　　　　　　　(b)螺丝刀式握法

图1.5　验电器使用方法

3. 注意事项

①使用前,必须在有电源处对验电器进行测试,以证明该验电器确实良好,方可使用。
②验电时,应使验电器逐渐靠近被测物体,直至氖管发亮,不可直接接触被测体。
③验电时,手指必须触及笔尾的金属体,否则带电体也会误判为非带电体。
④验电时,要防止手指触及笔尖的金属部分,以免造成触电事故。

1.3.2 螺丝刀

1. 功能

螺丝刀是一种用来拧转螺丝钉以迫使其就位的工具,通常有一个薄楔形头,可插入螺丝钉头的槽缝或凹口内,主要有一字(负号)和十字(正号)两种(图1.6)。常见的还有六角螺丝刀,包括内六角和外六角两种。

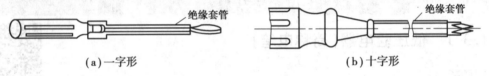

（a）一字形   （b）十字形

图1.6 螺丝刀

2. 使用方法

如图1.7所示,使用大螺丝刀时,除大拇指、食指和中指要夹住握柄外,手掌还要顶住柄的末端以防旋转时滑脱。螺丝刀较小时,用大拇指和中指夹着握柄,同时用食指顶住柄的末端用力旋动。螺丝刀较长时,用右手压紧手柄并转动,同时左手握住螺丝刀的中间部分(不可放在螺钉周围,以免将手划伤),以防止螺丝刀滑脱。

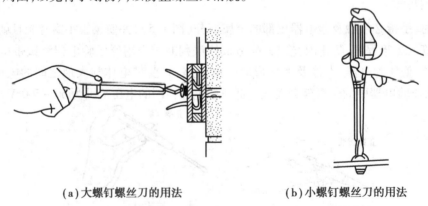

（a）大螺钉螺丝刀的用法   （b）小螺钉螺丝刀的用法

图1.7 螺丝刀使用方法

3. 注意事项

带电作业时,手不可触及螺丝刀的金属杆,以免发生触电事故。为防止金属杆触到人体或邻近带电体,金属杆应套上绝缘管。

1.3.3　钢丝钳

1.功能及使用方法

钢丝钳结构如图1.8(a)所示,在电工作业时,用途广泛。钳口可用来弯绞或钳夹导线线头;齿口可用来紧固或起松螺母;刀口可用来剪切导线或钳削导线绝缘层;侧口可用来铡切导线线芯、钢丝等较硬线材。使用方法如图1.8中的(b)、(c)、(d)、(e)图所示。

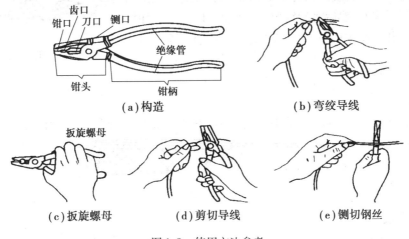

(a)构造　　　　　　　　　(b)弯绞导线

(c)扳旋螺母　　　　(d)剪切导线　　　　(e)铡切钢丝

图1.8　使用方法参考

2.注意事项

使用前,需检查钢丝钳绝缘是否良好,以免带电作业时造成触电事故。在带电剪切导线时,不得用刀口同时剪切不同电位的两根线(如相线与零线、相线与相线等),以免发生短路事故。

1.3.4　尖嘴钳及断线钳

尖嘴钳因其头部尖细[图1.9(a)],适用于在狭小的工作空间操作。尖嘴钳可用来剪断较细小的导线;可用来夹持较小的螺钉、螺帽、垫圈、导线等;也可用来对单股导线整形(如平直、弯曲等)。若使用尖嘴钳带电作业,应检查其绝缘是否良好,并在作业时金属部分不要触及人体或邻近的带电体。

断线钳又称斜口钳[图1.9(b)],专供剪断较粗的金属丝、线材及电线电缆等用。对粗细不同、硬度不同的材料,应选用大小合适的斜口钳。

(a)尖嘴钳　　　　　　　　　(b)断线钳

图1.9　尖嘴钳及断线钳

1.3.5 剥线钳

1. 功能

剥落小直径导线绝缘层的专用工具,如图 1.10 所示。

2. 注意事项

不允许用小咬口剥大直径导线,以免咬伤导线芯,不允许当钢丝钳使用。使用剥线钳剥削导线绝缘层时,先将要剥削的绝缘长度用标尺定好,然后将导线放入相应的刃口中(比导线直径稍大),再用手将钳柄一握,导线的绝缘层即被剥离。

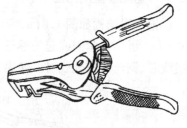

图 1.10　剥线钳

1.3.6 电工刀

1. 功能

用来剖削电线线头,切割木台缺口,削制木槽的专用工具,如图 1.11 所示。

图 1.11　电工刀

2. 注意事项

在使用电工刀时不得用于带电作业,以免触电。应将刀口朝外剖削,并注意避免伤及手指。剖削导线绝缘层时,应使刀面与导线成较小的锐角,以免割伤导线。使用完毕,随即将刀身折进刀柄。

1.3.7 活络扳手

1. 活络扳手

活络扳手又叫活扳手,结构如图 1.12 所示,由手柄、蜗轮、轴销、呆扳唇、扳口和活络扳唇组成。活络扳手是一种旋紧或拧松有角螺丝钉或螺母的工具。电工常用的有 200、250、300 mm 3 种,使用时应根据螺母的大小选配。

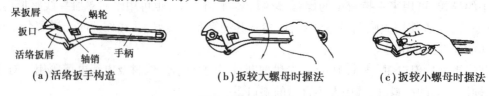

(a)活络扳手构造　　　　(b)扳较大螺母时握法　　　　(c)扳较小螺母时握法

图 1.12　活络扳手

2. 活络扳手使用注意事项

扳动小螺母时,因需要不断地转动蜗轮,调节扳口的大小,所以手应握在靠近呆扳唇,并用大拇指调制蜗轮,以适应螺母的大小。活络扳手的扳口夹持螺母时,呆扳唇在上,活扳唇在下。活扳手切不可反过来使用。在扳动生锈的螺母时,可在螺母上滴几滴煤油或机油,这样就好拧动了。在拧不动时,切不可采用钢管套在活络扳手的手柄上来增加扭力,因为这样极易损伤活络扳唇,更不得把活络扳手当锤子用。

1.3.8　电烙铁

1. 工作原理

在接通电源后,电流使电阻发热,并通过传热筒加热烙铁头,达到焊接温度后进行工作,结构如图 1.13 所示。

2. 焊接的基本操作方法

①准备施焊。一手拿好焊锡丝,一手拿好电烙铁。

②加热焊件。烙铁头加热被焊接面,注意烙铁头要同时接触焊盘和元器件的引线,时间为 1~2 s。

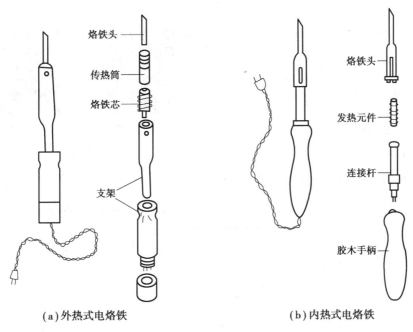

　　(a)外热式电烙铁　　　　　　　　　(b)内热式电烙铁

图 1.13　电烙铁

③融化焊料。电烙铁头长时间不使用其表面会有一层氧化物,使电烙铁头呈黑色状态,这时不易吃上锡,应去掉氧化层上的锡。方法是将电烙铁头在含水的海绵垫上摩擦几下,就可去掉氧化层,烙铁头就可以吃上锡了。保持这层锡,可延长烙铁头寿命。焊接面被加热到一定温度时,焊锡丝从烙铁对面接触被焊接的引线(不是送到烙铁头上),时间为 1~2 s。

④移开焊锡。当焊丝熔化并浸润焊盘和引线后,同时向左右 45°方向移开焊锡丝和电烙铁,整个焊接过程约 2 s。

⑤移开烙铁。当焊丝移开后,最后移开电烙铁。

3. 注意事项

电烙铁焊接前,一般要把焊头的氧化层除去,并用焊剂进行上锡处理,使焊头的前端经常保持一层薄锡,以防止氧化、减少能耗、导热良好。电烙铁的握法没有统一的要求,以不易疲劳、操作方便为原则,一般有笔握法和拳握法两种。用电烙铁焊接导线时,必须使用焊料和焊剂。焊料一般为丝状焊锡或纯锡,常见的助焊剂有松香、焊膏等。

技能训练　常用电工工具的使用

一、设备及工具准备

（1）工具

钢笔式、螺丝刀式低压验电笔、一字、十字螺丝刀、钢丝钳、尖嘴钳、斜口钳、剥线钳、电工刀、活络扳手各一把。

（2）材料

木工板一块（50 cm×50 cm），多芯导线（红、黄、绿、蓝四色）、螺钉、线槽（2 m）。

（3）器材

刀开关、交流接触器、按钮开关盒、端子排、螺旋式熔断器（5 只）。

交流接触器　三相异步电动机点动控制线路的接线

二、操作步骤

观察常用电工工具的结构。

参考图1.14综合使用电工工具进行三相异步电动机点动控制线路的安装和接线。

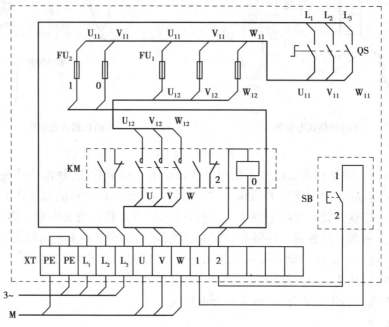

图1.14　三相异步电动机点动控制线路图

三、注意事项

参考各工具的使用注意事项。

四、技能训练记录

题目	
小组成员	
开始时间	完成时间
过程记录	

效果分析	

五、考核要点与评分标准

序号	评分项	得分条件	配分	评分要求	得分	测评结果
1	安全/"6S"/态度	□1. 能进行工位"6S"操作 □2. 能按要求准备材料及工具 □3. 能遵守安全规定	15	未完成1项扣5分，扣分不超过15分		□合格 □不合格
2	专业技术能力	□1. 能正确使用低压验电器 □2. 能正确使用剥线钳 □3. 能正确使用螺丝刀 □4. 能正确使用尖嘴钳	60	未完成1项扣15分，扣分不超过60分		□合格 □不合格
3	工具及设备使用能力	□1. 能正确使用电工工具 □2. 能正确使用万用表	10	未完成1项扣5分，扣分不超过10分		□合格 □不合格
4	表单填写与报告的撰写能力	□1. 字迹清晰 □2. 语句通顺 □3. 无错别字 □4. 无涂改 □5. 无抄袭	15	未完成1项扣3分，扣分不超过15分		□合格 □不合格

任务 1.4　常用电工仪表的使用

1.4.1　指针式万用表

指针式万用表(图1.15)又被叫作多用表、三用表、复用表,是一种多功能、多量程的仪器,一般指针式万用表可测量直流电流、直流电压、交流电压、电阻等。

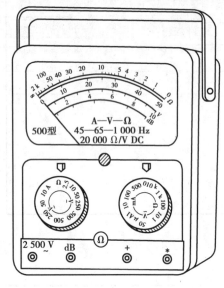

图1.15　指针式万用表

指针式万用表使用时注意事项:

①如果长时间不用时,需要将电池取出,以免电池漏液腐蚀表内器件。

②测量电流与电压时不能拨错挡位,如果误用电阻挡或电流挡测量电压,极容易将万用表烧毁。

③测量电流和电压时,要注意正负极性,不要接错。发现表针反转则应立即调换表笔,以免损坏表针。

④如果不知道被测电流或电压的范围,应采用最高量程,然后根据测出的大致范围改换小量程来提高精度,避免将万用表烧毁。

⑤在测量时万用表需要水平放置,以免因为倾斜而造成误差。磁场变化同样会影响测量结果,测量时请注意。

⑥在使用万用表对待测物进行检测时,不能用手去触摸表笔的金属部分,因为人是导体会分走一部分电信号使测量数据失真,而且对人体也是不安全的。

⑦不能在测量的同时进行挡位的转换,尤其是在高电压或大电流的测量情况下更要注意,否则可能损坏万用表。如需要换挡,应断开表笔,换挡后再重新测量。

1.4.2　数字式万用表

1.数字式万用表的基本原理

数字式万用表(图1.16)是利用一只灵敏的磁电式直流电流表(微安表)作表头。当微小电流通过表头,就会有电流指示。但表头不能通过大电流,所以,必须在表头上并联和串联电阻进行分流或降压,从而测出电路中的电流、电压和电阻。

2.数字式万用表测量原理

(1)测直流电流原理

如图1.17(a)所示,在表头上并联一个适当的电阻(叫分流电阻)进行分流,就可以扩展电流量程。改变分流电阻的阻值,就能改变电流测量范围。

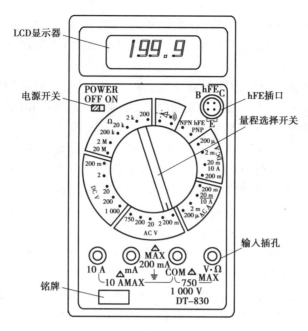

图 1.16　数字式万用表

（2）测直流电压原理

如图 1.17（b）所示，在表头上串联一个适当的电阻（叫倍增电阻）进行降压，就可以扩展电压量程。改变倍增电阻的阻值，就能改变电压的测量范围。

（3）测交流电压原理

如图 1.17（c）所示，因为表头是直流表，所以测量交流时，需加装一个并、串式半波整流电路，将交流进行整流变成直流后再通过表头，这样就可以根据直流电的大小来测量交流电压。扩展交流电压量程的方法与直流电压量程相似。

（4）测电阻原理

如图 1.17（d）所示，在表头上并联和串联适当的电阻，同时串接一节电池，使电流通过被测电阻，根据电流的大小，就可测量出电阻值。改变分流电阻的阻值，就能改变电阻的量程。

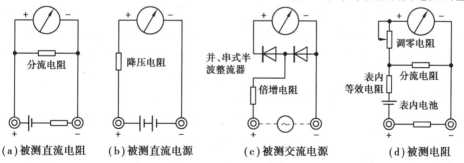

（a）被测直流电阻　（b）被测直流电源　（c）被测交流电源　（d）被测电阻

图 1.17　测直流电压

3. 数字式万用表的使用方法

①直流电压的测量，如电池、随身听电源等。首先将黑表笔插进"COM"孔，红表笔插进"V·Ω"。把旋钮选到比估计值大的量程（注意：表盘上的数值均为最大量程，"V－"表示直流电压挡，"V～"表示交流电压挡，"A"是电流挡），接着把表笔接电源或电池两端；保持接触

稳定。数值可以直接从显示屏上读取,若显示为"1.",则表明量程太小,那么就要加大量程后再测量工业电器。如果在数值左边出现"-",则表明表笔极性与实际电源极性相反,此时红表笔接的是负极。

②交流电压的测量。表笔插孔与直流电压的测量一样,不过应该将旋钮打到交流挡"V～"处所需的量程即可。交流电压无正负之分,测量方法跟前面相同。无论测交流还是直流电压,都要注意人身安全,不要随便用手触摸表笔的金属部分。

③直流电流的测量。先将黑表笔插入"COM"孔。若测量大于 200 mA 的电流,则要将红表笔插入"10 A"插孔并将旋钮打到直流"10 A"挡;若测量小于 200 mA 的电流,则将红表笔插入"200 mA"插孔,将旋钮打到直流 200 mA 以内的合适量程。调整好后,就可以测量了。将万用表串进电路中,保持稳定,即可读数。若显示为"1.",那么就要加大量程;如果在数值左边出现"-",则表明电流从黑表笔流进万用表。

④交流电流的测量。测量方法与直流电流的测量相同,不过挡位应该打到交流挡位,电流测量完毕后应将红笔插回"V·Ω"孔。

⑤电阻的测量。将表笔插进"COM"和"V·Ω"孔中,把旋钮打到"Ω"中所需的量程,用表笔接在电阻两端金属部位,测量中可以用手接触电阻,但不要用手同时接触电阻两端,这样会影响测量精确度——人体的电阻很大但也是有限大的导体。读数时,要保持表笔和电阻有良好的接触;注意单位:在"200"挡时单位是"Ω",在"2k"到"200k"挡时单位为"kΩ","2M"以上的单位是"MΩ"。

⑥二极管的测量。数字式万用表可以测量发光二极管,整流二极管。测量时,表笔位置与电压测量一样,将旋钮打到"⊬"挡;用红表笔接二极管的正极,黑表笔接负极,这时会显示二极管的正向压降。肖特基二极管的压降是 0.2 V 左右,普通硅整流管(1N4000、1N5400 系列等)为 0.7 V,发光二极管为 1.8～2.3 V。调换表笔,显示屏显示"1."则为正常,因为二极管的反向电阻很大,否则此管已被击穿。

⑦三极管的测量。表笔插位同二极管一样,其原理与二极管相同。先假定 A 脚为基极,用黑表笔与该脚相接,红表笔与其他两脚分别接触其他两脚;若两次读数均为 0.7 V 左右,然后再用红表笔接 A 脚,黑表笔接触其他两脚,若均显示"1",则 A 脚为基极,否则需要重新测量,且此管为 PNP 管。那么集电极和发射极如何判断呢?数字表不能像指针表那样利用指针摆幅来判断,那怎么办呢?我们可以利用"hFE"挡来判断:先将挡位打到"hFE"挡,可以看到挡位旁有一排小插孔,分为 PNP 和 NPN 管的测量。前面已经判断出管型,将基极插入对应管型"B"孔,其余两脚分别插入"C""E"孔,此时可以读取数值,即 β 值;再固定基极,其余两脚对调;比较两次读数,读数较大的管脚位置与表面"C""E"相对应。

小技巧:上法只能直接对如 9000 系列的小型管测量,若要测量大管,可以采用接线法,即用小导线将三个管脚引出。这样方便了很多哦!

⑧MOS 场效应管的测量。N 沟道的有国产的 3D01,4D01,日产的 3SK 系列。G 极(栅极)的确定:利用万用表的二极管挡。若某脚与其他两脚间的正反压降均大于 2 V,即显示"1",此脚即为栅极 G。再交换表笔测量其余两脚,压降小的那次中,黑表笔接的是 D 极(漏极),红表笔接的是 S 极(源极)。

1.4.3　兆欧表

1.定义

兆欧表俗称摇表,它是用来检测电气设备、供电线路的绝缘电阻的一种可携式仪表(约120 r/min),如图1.18所示。

兆欧表标尺的刻度是以"兆欧"为单位。选用兆欧表时,其额定电压一定要与被测电气设备或线路的工作电压相适应。此外,兆欧表的测量范围也应

兆欧表测电机绕组对地绝缘电阻及绕组间绝缘电阻

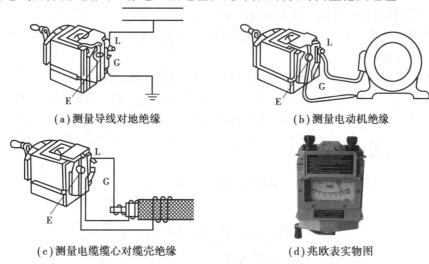

(a)测量导线对地绝缘　　　　　　　(b)测量电动机绝缘

(c)测量电缆缆心对缆壳绝缘　　　　(d)兆欧表实物图

图1.18　兆欧表的使用方法

与被测绝缘电阻的范围相吻合。

①"地"(E)端钮:与被测设备外壳或接地端相连。

②"线"(L)端钮:与被测设备的导线相连。

③"屏"(G)端钮:与"线"端钮外面的一个铜环连接。在测量电缆或绝缘导体对地绝缘电阻时,与被测设备中间绝缘层相连。

2.兆欧表的使用方法

①测量前,应将兆欧表保持水平位置,左手按住表身,右手摇动兆欧表摇柄,转速约120 r/min,指针应指向无穷大(∞),否则说明兆欧表有故障。

②测量前,应切断被测电器及回路的电源,并对相关元件进行临时接地放电,以保证人身与兆欧表的安全和测量结果准确。

③测量时必须正确接线。兆欧表共有3个接线端(L、E、G)。测量回路对地电阻时,L端与回路的裸露导体连接,E端连接接地线或金属外壳;测量回路的绝缘电阻时,回路的首端与尾端分别与L、E连接;测量电缆的绝缘电阻时,为防止电缆表面泄漏电流对测量精度产生影响,应将电缆的屏蔽层接至G端。

④兆欧表接线柱引出的测量软线绝缘应良好,两根导线之间和导线与地之间应保持适当距离,以免影响测量精度。

⑤摇动兆欧表时,不能用手接触兆欧表的接线柱和被测回路,以防触电。

⑥摇动兆欧表后,各接线柱之间不能短接,以免损坏。

3. 兆欧表的使用要求

（1）测量前检测仪表是否正常

①开机检查显示，正常显示 OL；

②看挡位是否可以正常转换（一般都有挡位选择即电压选择）；

③按下测试键检查有无相应电压输出，测试方法：

用一台普通万用表选择直流电压最高挡位，然后将表笔插入兆欧表输出端，最后按下兆欧表测试键，观测万用表上有无相应电压值的显示。

（2）测量前准备工作完成后进入实地测量

①如果测量时显示 OL，有可能被测电阻超出仪表测量范围可以转换挡位（MΩ、GΩ，根据仪表本身功能配置来定）；

②仪表没有电压输出无法测试，可根据第一款中相关介绍进行检测；

③电子兆欧表多采用倍压电路，五号电池或者九伏电池供电工作时所需供电电流较大，故在不使用时务必要对其关机（即便有自动关机功能的，建议用完后还是选择手动关机）。

1.4.4 钳形电流表

钳形电流表（图 1.19）是由电流互感器和整流电流表组成的。

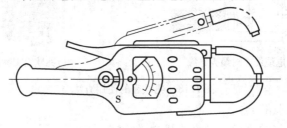

图 1.19　钳形电流表

1. 作用

不切断电路时测量电流。

2. 原理

由互感器和整流电表组成，利用感应方式测量电流。

3. 钳形表的使用方法

①测量前要机械调零。

②选择合适的量程，先选大量程，后选小量程或看铭牌值估算。

③当使用最小量程测量，其读数还不明显时，可将被测导线绕几匝，匝数要以钳口中央的匝数为准，则读数 = 指示值×量程/满偏×匝数。

④测量时，应使被测导线处在钳口的中央，并使钳口闭合紧密，以减少误差。

⑤测量完毕，要将转换开关置于最大量程处。

4. 钳形表使用时的注意事项

①被测线路的电压要低于钳表的额定电压。

②测高压线路的电流时，要戴绝缘手套，穿绝缘鞋并站在绝缘垫上。

③钳口要闭合紧密同时不能带电换量程。

1.4.5 三相四线有功电能表

三相四线有功
电能表的接线

三相电能表主要是用来测量三相交流电路中电源输出或者负载消耗的电能。它是由单相电能表发展而来,可以将三相电能表看作是2块或3块单相电能表的组合。其主要由测量机构、补偿调整装置和辅助部件等结构构成。三相电能表分为三相三线电能表和三相四线电能表。

三相四线电能表有三组电磁元件,一个转动结构,根据电磁元件安装不同分为双转盘式和三转盘式。三元件双转盘式三相四线电能表其结构主要是三组电磁元件中的一组电磁元件单独作用一个转盘,其他两组电磁元件共同作用在另一个转盘上,两转盘同轴作用,该方式下电磁元件保持一致的工作气隙可减少相对误差,是目前感应式三相电能表主要采用的结构。

三相四线电能表和单相及三相三线电能表外观上最大的不同是其共有11个接线端,常用在动力和照明混合的供电电路中。

三相四线有功电能表的接线方法如图1.20所示,三相四线有功电能表经电流互感器接入,相线U、V、W分别穿过电流互感器电能表1、4、7端分别接电流互感器二次侧首端S_1,电能表3、6、9端分别接二次侧末端S_2,电能表2、5、8端分别接电流互感器的相线U、V、W,其连片应拆下。为保证安全,电流互感器二次侧末端S_2应分别接地。

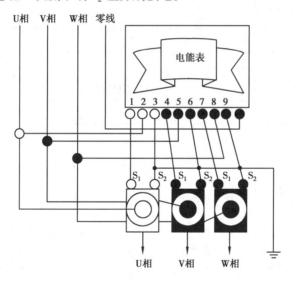

图1.20   三相四线有功电能表的接线图

技能训练

技能训练1   兆欧表的使用

一、材料及工具准备

兆欧表一台、电缆50 cm、电工刀、斜口钳、剪刀。

二、操作方法

主要操作步骤:

①兆欧表开路和短路试验,检查兆欧表是否良好。在兆欧表未接上被测物之前摇动手柄使发电机达到额定转速(120 r/min),观察指针是否指在标尺的"∞"位置。将接线柱"线(L)和地(E)"短接,缓慢摇动手柄,观察指针是否指在标尺的"0"位。如指针不能指到该位置,表明兆欧表有故障,应检修后再使用。

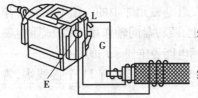

图 1.21　兆欧表接线图

②兆欧表使用时应放在平稳、牢固的地方,且远离大的外电流导体和外磁场。

③剪剥电缆,清洁被测表面,减少接触电阻,确保测量结果的正确性。

④按图 1.21 接线。

⑤摇测时将兆欧表置于水平位置,摇把转动时其端钮间不许短路。摇动手柄应由慢渐快,若发现指针指零说明被测绝缘物可能发生短路,就不能继续摇动手柄,以防表内线圈发热损坏。

三、技能训练记录

题目			
小组成员			
开始时间		完成时间	
过程记录			
效果分析			

四、考核要点与评分标准

序号	评分项	得分条件	配分	评分要求	得分	测评结果
1	安全/"6S"/态度	□1. 能进行工位"6S"操作 □2. 能按要求准备材料及工具 □3. 能遵守安全规定	15	未完成1项扣5分,扣分不超过15分		□合格 □不合格
2	专业技术能力	□1. 能正确检测兆欧表 □2. 能正确进行兆欧表与被测电缆的连接 □3. 能正确进行测量 □4. 能正确进行数据的读取	60	未完成1项扣15分,扣分不超过60分		□合格 □不合格
3	工具及设备使用能力	□1. 能正确使用电工工具 □2. 能正确使用兆欧表	10	未完成1项扣5分,扣分不超过10分		□合格 □不合格
4	表单填写与报告的撰写能力	□1. 字迹清晰 □2. 语句通顺 □3. 无错别字 □4. 无涂改 □5. 无抄袭	15	未完成1项扣3分,扣分不超过15分		□合格 □不合格

技能训练2　三相四线有功电能表的接线

一、材料及工具准备

三相四线有功电能表一台、铜导线、剥线钳、十字螺丝刀、数字式万用表。

二、操作方法

主要操作步骤:

①直接连接,按图1.22进行电能表的直接连接;

②互感式连接,按图1.23进行电能表的互感式连接。

三、注意事项

1. 电流互感器二次侧不允许开路

二次开路可能产生严重后果,一是铁芯过热,甚至会烧毁互感器;二是由于二次绕组匝数很多,会感应出危险的高电压,危及人身和设备的安全。

2. 高压电流互感器的二次侧必须有一点接地

由于高压电流互感器的一次侧为高压,当一、二次线圈之间因绝缘损坏出现高压击穿时,将导致高压进入低压,如果二次线圈一点接地,则将高压引入了大地,可确保人身及设备的安全。但应当注意,电流互感器的二次回路只允许一点接地,而不允许再有接地,否则有可能引起分流,影响使用。

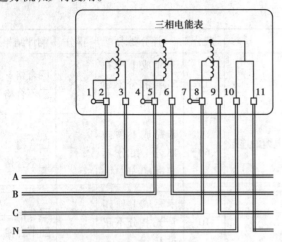

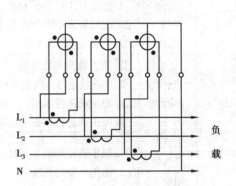

图1.22　电能表的直接连接图　　　　图1.23　电能表的互感式连接图

3.低压电流互感器的二次线圈不应该接地

由于低压互感器的电压较低,一、二次线圈间的绝缘裕度大,发生一、二次线圈击穿的可能性小;另外,二次线圈的不接地将使二次回路及仪表的绝缘能力提高,还可使雷击烧毁仪表的事故减少。

四、技能训练记录

题目			
小组成员			
开始时间		完成时间	
过程记录			
效果分析			

五、考核要点与评分标准

序号	评分项	得分条件	配分	评分要求	得分	测评结果
1	安全/"6S"/态度	□1. 能进行工位"6S"操作 □2. 能按要求准备材料及工具 □3. 能遵守安全规定	15	未完成1项扣5分,扣分不超过15分		□合格 □不合格
2	专业技术能力	□1. 能正确进行电能表的直接连接 □2. 能正确进行电能表的互感式连接 □3. 能正确进行接线检查	60	未完成1项扣20分,扣分不超过60分		□合格 □不合格
3	工具及设备使用能力	□1. 能正确使用电工工具 □2. 能正确进行接线	10	未完成1项扣5分,扣分不超过10分		□合格 □不合格
4	表单填写与报告的撰写能力	□1. 字迹清晰 □2. 语句通顺 □3. 无错别字 □4. 无涂改 □5. 无抄袭	15	未完成1项扣3分,扣分不超过15分		□合格 □不合格

任务 1.5 导线的连接与绝缘恢复

相关知识

1.5.1 导线连接

1. 导线连接的意义

导线连接是电工作业的一项基本工序,也是一项十分重要的工序。导线连接的质量直接关系到整个线路能否安全可靠地长期运行。

2. 导线连接的基本要求

连接牢固可靠、接头电阻小、机械强度高、耐腐蚀耐氧化、电气绝缘性能好。

3. 常用连接方法

需连接的导线种类和连接形式不同,其连接的方法也不同。常用的连接方法有绞合连接、紧压连接、焊接等。

4. 导线连接的注意事项

连接前应小心地剥除导线连接部位的绝缘层,注意不可损伤其芯线。连接后需检查连接点的牢固程度。

5. 导线连接的操作

绞合连接是指将需连接导线的芯线直接紧密地绞合在一起。铜导线常用绞合连接。

（1）单股铜导线的直接连接

①小截面单股铜导线连接方法如图1.24所示,先将两导线的芯线线头作X形交叉,再将它们相互缠绕2~3圈后扳直两线头,最后将每个线头在另一芯线上紧贴密绕5~6圈后剪去多余线头即可。

②大截面单股铜导线连接方法如图1.25所示,先在两导线的芯线重叠处填入一根相同直径的芯线,再用一根截面约1.5 mm²的裸铜线在其上紧密缠绕,缠绕长度为导线直径的10倍左右,然后将被连接导线的芯线线头分别折回,最后将两端的缠绕裸铜线继续缠绕5~6圈后剪去多余线头即可。

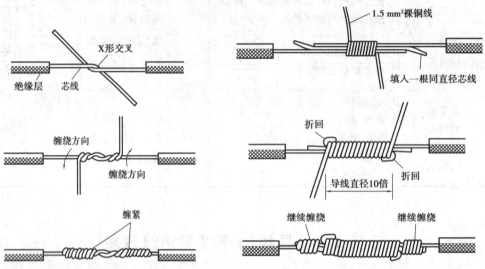

图1.24　小截面单股铜导线的连接方法　　图1.25　大截面单股铜导线的连接方法

③不同截面单股铜导线连接方法如图1.26所示,先将细导线的芯线在粗导线的芯线上紧密缠绕5~6圈,然后将粗导线芯线的线头折回紧压在缠绕层上,最后再用细导线芯线在其上继续缠绕3~4圈后剪去多余线头即可。

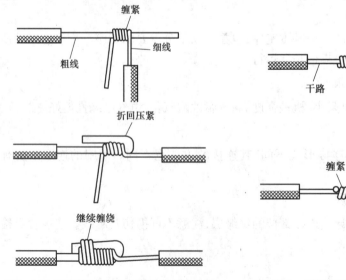

图1.26　不同截面单股铜导线的连接方法　　图1.27　单股铜导线的T字分支连接

（2）单股铜导线的分支连接

①单股铜导线的 T 字分支连接如图 1.27 所示,将支路芯线的线头紧密缠绕在干路芯线上 5~8 圈后剪去多余线头即可。对于较小截面的芯线,可先将支路芯线的线头在干路芯线上打一个环绕结,再紧密缠绕 5~8 圈后剪去多余线头即可。

②单股铜导线的十字分支连接如图 1.28 所示,将上下支路芯线的线头紧密缠绕在干路芯线上 5~8 圈后剪去多余线头即可。可以将上下支路芯线的线头向一个方向缠绕[图1.28(a)],也可以向左右两个方向缠绕[图 1.28(b)]。

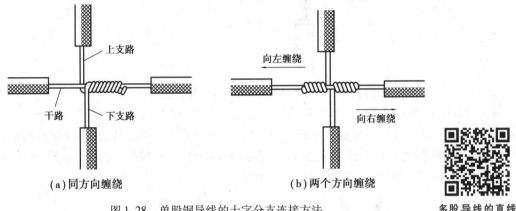

图 1.28　单股铜导线的十字分支连接方法

多股导线的直线
连接和绝缘恢复

（3）多股铜导线的直接连接

多股铜导线的直接连接如图 1.29 所示,首先将剥去绝缘层的多股芯线拉直,将其靠近绝缘层的约 1/3 芯线绞合拧紧,而将其余 2/3 芯线呈伞状散开,另一根需连接的导线芯线也如此处理。然后将两伞状芯线相对着互相插入后捏平芯线,将每一边的芯线线头分作 3 组,先将某一边的第 1 组线头翘起并紧密缠绕在芯线上,再将第 2 组线头翘起并紧密缠绕在芯线上,最后将第 3 组线头翘起并紧密缠绕在芯线上。最后以同样方法缠绕另一边的线头。

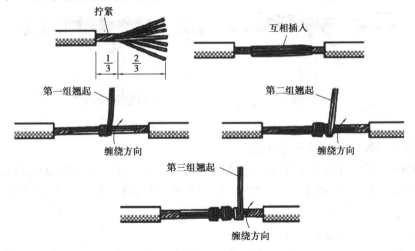

图 1.29　多股铜导线的直接连接

（4）多股铜导线的 T 字分支连接

多股铜导线的 T 字分支连接有两种方法,一种方法如图 1.30 所示,将支路芯线 90°折弯后与干路芯线并行,然后将线头折回并紧密缠绕在芯线上即可。

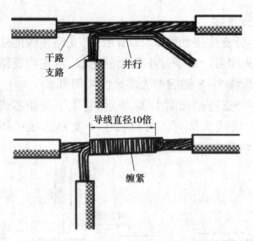

图 1.30　多股铜导线的 T 字分支连接方法一

另一种方法如图 1.31 所示,将支路芯线靠近绝缘层的约 1/8 芯线绞合拧紧,其余 7/8 芯线分为两组[图 1.31(a)],一组插入干路芯线当中,另一组放在干路芯线前面,并朝右边按图 1.31(b)所示方向缠绕 4~5 圈。再将插入干路芯线当中的那一组朝左边按图 1.31(c)所示方向缠绕 4~5 圈,连接好的导线如图 1.31(d)所示。

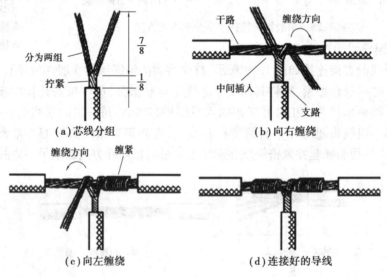

图 1.31　多股铜导线的 T 字分支连接方法二

(5)单股铜导线与多股铜导线的连接

单股铜导线与多股铜导线的连接方法如图 1.32 所示,先将多股导线的芯线绞合拧紧成单股状,再将其紧密缠绕在单股导线的芯线上 5~8 圈,最后将单股芯线线头折回并压紧在缠绕部位即可。

(6)同一方向导线的连接

当需要连接的导线来自同一方向时,可以采用图 1.33 所示的方法。对于单股导线,可将一根导线的芯线紧密缠绕在其他导线的芯线上,再将其他芯线的线头折回压紧即可。对于多股导线,可将两根导线的芯线互相交叉,绞合拧紧即可。对于单股导线与多股导线的连接,可将多股导线的芯线紧密缠绕在单股导线的芯线上,再将单股芯线的线头折回压紧即可。

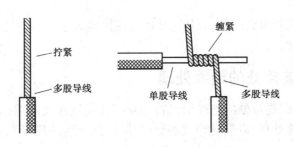

图 1.32　单股铜导线与多股铜导线的连接

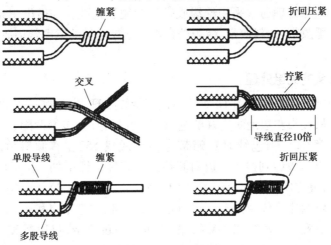

图 1.33　同一方向导线的连接方法

(7)双芯或多芯电线电缆的连接

双芯护套线、三芯护套线或电缆、多芯电缆在连接时,应注意尽可能将各芯线的连接点互相错开位置,可以更好地防止线间漏电或短路。图 1.34(a)所示为双芯护套线的连接情况,图 1.34(b)所示为三芯护套线的连接情况,图 1.34(c)所示为四芯电力电缆的连接情况。

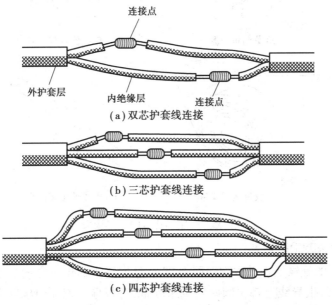

(a)双芯护套线连接

(b)三芯护套线连接

(c)四芯护套线连接

图 1.34　双芯或多芯电线电缆的连接方法

铝导线虽然也可采用绞合连接,但铝芯线的表面极易氧化,日久将造成线路故障,因此铝导线通常采用紧压连接。

1.5.2 导线连接处的绝缘处理

为了进行连接,导线连接处的绝缘层已被去除。导线连接完成后,必须对所有绝缘层已被去除的部位进行绝缘处理,以恢复导线的绝缘性能,恢复后的绝缘强度应不低于导线原有的绝缘强度。

导线连接处的绝缘处理通常采用绝缘胶带进行缠裹包扎。一般电工常用的绝缘带有黄蜡带、涤纶薄膜带、黑胶带、塑料胶带、橡胶胶带等。绝缘胶带的宽度常用20 mm 的,使用较为方便。

1. 一般导线接头的绝缘处理

一字形连接的导线接头可按图1.35 所示进行绝缘处理,先包缠一层黄蜡带,再包缠一层黑胶带。将黄蜡带从接头左边绝缘完好的绝缘层上开始包缠,包缠两圈后进入剥除了绝缘层的芯线部分[图1.35(a)]。包缠时黄蜡带应与导线成55°左右倾斜角,每圈压叠带宽的1/2[图1.35(b)],直至包缠到接头右边两圈距离的完好绝缘层处。然后将黑胶带接在黄蜡带的尾端,按另一斜叠方向从右向左包缠[图1.35(c)、图1.35(d)],仍每圈压叠带宽的1/2,直至将黄蜡带完全包缠住。包缠处理中应用力拉紧胶带,注意不可稀疏,更不能露出芯线,以确保绝缘质量和用电安全。对于220 V 线路,也可不用黄蜡带,只用黑胶带或塑料胶带包缠两层。在潮湿场所应使用聚氯乙烯绝缘胶带或涤纶绝缘胶带。

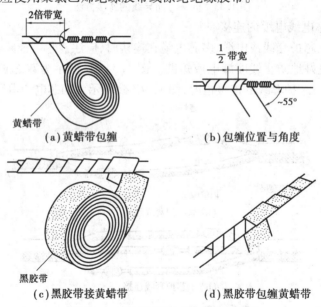

图1.35 一字形连接的导线接头

2. T 字分支接头的绝缘处理

导线分支接头的绝缘处理基本方法同上,T 字分支接头的包缠方向如图1.36 所示,走一个 T 字形来回,使每根导线上都包缠两层绝缘胶带,每根导线都应包缠到完好绝缘层的 2 倍胶带宽度处。

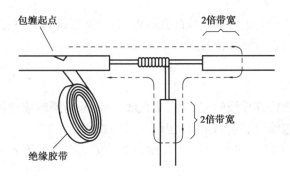

图 1.36　T字分支接头的包缠方向

3. 十字分支接头的绝缘处理

对导线的十字分支接头进行绝缘处理时,包缠方向如图 1.37 所示,走一个十字形来回,使每根导线上都包缠两层绝缘胶带,每根导线也都应包缠到完好绝缘层的 2 倍胶带宽度处。

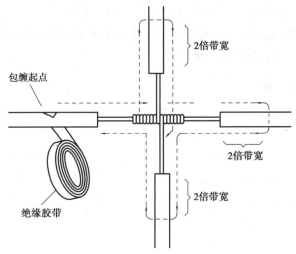

图 1.37　十字分支接头的绝缘处理

技能训练

技能训练　铜导线的连接

一、材料及工具准备

①材料准备:单芯、多芯铜导线,电工黄蜡带,电工黑胶带;
②工具准备:剥线钳、尖嘴钳、剪刀、数字式万用表。

二、操作方法

主要操作步骤:
①剪裁铜导线,并用万用表检查导线是否导通;
②剪剥导线,干路导线剪剥中间位置,宽度 10 cm 左右,支路导线剪剥一端,长度约 5 cm;

③按导线连接方法分别进行铜导线的直线连接、分支连接和十字连接；

④将连接好的导线进行绝缘恢复。

三、注意事项

①剥削导线时注意检查导线的完好性，出现线芯咬伤、剪断时应弃用；

②绝缘恢复时先包缠一层黄蜡带，再包缠一层黑胶带；

③从接头左边绝缘完好的绝缘层上开始包缠，包缠两圈后进入剥除了绝缘层的芯线部分；

④包缠时黄蜡带应与导线成55°左右倾斜角；

⑤每圈压叠带宽的1/2，直至包缠到接头右边两圈距离的完好绝缘层处；

⑥黑胶带接在黄蜡带的尾端，按另一斜叠方向从右向左包缠，仍每圈压叠带宽的1/2，直至将黄蜡带完全包缠住；

⑦不可稀疏，更不能露出芯线，以确保绝缘质量和用电安全；

⑧对于220 V线路，也可不用黄蜡带，只用黑胶带或塑料胶带包缠两层。在潮湿场所应使用聚氯乙烯绝缘胶带或涤纶绝缘胶带。

四、技能训练记录

题目	
小组成员	
开始时间	完成时间
过程记录	
效果分析	

五、考核要点与评分标准

序号	评分项	得分条件	配分	评分要求	得分	测评结果
1	安全/"6S"/态度	□1. 能进行工位"6S"操作 □2. 能按要求准备材料及工具 □3. 能遵守安全规定	15	未完成 1 项扣 5 分,扣分不超过 15 分		□合格 □不合格
2	专业技术能力	□1. 能正确剪剥导线 □2. 能正确进行导线连接 □3. 能正确进行导线绝缘恢复 □4. 能正确进行导线电气特性检查	60	未完成 1 项扣 15 分,扣分不超过 60 分		□合格 □不合格
3	工具及设备使用能力	□1. 能正确使用电工工具 □2. 能正确使用万用表	10	未完成 1 项扣 5 分,扣分不超过 10 分		□合格 □不合格
4	表单填写与报告的撰写能力	□1. 字迹清晰 □2. 语句通顺 □3. 无错别字 □4. 无涂改 □5. 无抄袭	15	未完成 1 项扣 3 分,扣分不超过 15 分		□合格 □不合格

职业功能2

电机与电气控制

本模块为维修电工(中级)国家职业技能标准中的职业功能2,主要涉及电机结构与绝缘性能测试,异步电动机典型控制电路的安装与调试,异步电动机启动控制的安装与调试,异步电动机正反转控制的安装与调试,异步电动机调速控制的安装与调试等内容,共包括9个工作内容,13个技能点。

工作内容

2.1 电机结构与绝缘性能测试

2.2 异步电动机典型控制电路的安装与调试

2.3 异步电动机自锁控制电路的安装与调试

2.4 异步电动机正反转控制电路的安装与调试

2.5 异步电动机启动控制电路的安装与调试

2.6 三相异步电动机顺序控制电路设计、安装与调试

2.7 双速电机控制电路的安装与调试

2.8 三相异步电动机反接制动控制电路的安装与调试

2.9 电气控制电路故障检修方法

任务 2.1　电机结构与绝缘性能测试

相关知识

某电机控制电路在空操作时,整个电路运行正常;带负载运行时,电动机声音不正常,电机振动而且保护电器动作,熔断器烧断;类似这种故障应该怎么检修呢?

2.1.1　电机结构

三相异步电动机的结构,如图2.1所示。

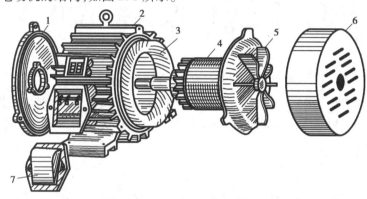

图2.1　三相异步电动机的结构

1—端盖;2—定子铁心;3—定子绕组;4—转子;5—风扇;6—罩壳;7—接线盒

2.1.2　三相异步电动机的工作原理

三相对称的定子绕组中,通入对称的三相交流电,在定子绕组中产生旋转磁场;转子切割旋转磁场,在转子中产生感应电流;感应电流在磁场中受到力的作用,这个力使得转子在磁场中旋转起来。

三相异步电动机定子绕组首尾端判断

1.定子及定子绕组

定子铁心(图2.2)——主磁路的一部分,为减小铁耗常采用0.5 mm厚的两面涂有绝缘漆的硅钢片冲片叠压而成。铁心内圆上有均匀分布的槽,嵌放三相定子绕组。定子绕组——电动机的电路部分,常用高强度漆包铜线按一定规律绕制成线圈,分布均匀地嵌入定子内圆槽内,用以建立旋转磁场,实现能量转换。

三相绕组(U,V,W)6个出线端引至机座上的接线盒内与6个接线柱相连,根据设计要求可接成星形或三角形,接线盒内的接线如图2.3所示。在接线盒内,三个绕组的6个线头排成上下两排,并规定下排的三个接线柱自左至右排列的编号为 U_1,V_1,W_1,上排自左至右的编号为 W_2,U_2,V_2。

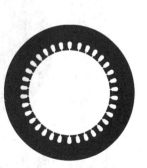

图2.2　定子铁心

图 2.3(a)为定子绕组星形连接:三相绕组的首端 U_1,V_1,W_1 分别接三相电源,三相绕组的尾端 U_2,V_2,W_2 连在一起。每一相绕组的电压为相电压 220 V。

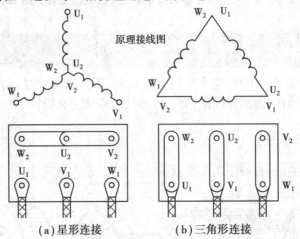

（a）星形连接　　　（b）三角形连接

图 2.3　电机接线盒内定子绕组的接线图

图 2.3(b)为定子绕组三角形连接:三相绕组的首端 U_1,V_1,W_1 分别接三相电源;绕组首尾相连,即 U_2 与 V_1 相连,V_2 与 W_1 相连,W_2 与 U_1 相连,形成三角形连接。每一相绕组的电压为线电压 380 V。

2.转子

转子是电机的旋转部分,主要由转子铁心、转子绕组、转轴等组成。

转子铁心——电动机主磁路的一部分。采用 0.5 mm 厚硅钢片冲片叠压而成(图 2.4),转子铁心外圆上有均匀分布的槽,用以嵌放转子绕组。

转子绕组——转子的电路部分,用以产生转子电动势和转矩,转子绕组有笼型和绕线型两种。

笼型绕组:笼型转子绕组(图 2.5)是在转子铁心每个槽内插入等长的裸铜导条。两端分别用铜制短路环焊接成一个整体,形成一个闭合的多相对称回路。

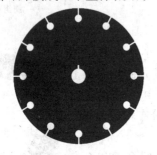

图 2.4　转子冲片

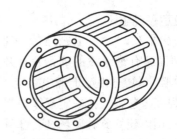

图 2.5　笼型转子绕组

绕线型转子绕组:采用绝缘漆包铜线绕制成三相绕组嵌入转子铁心槽内,将它接成星形联结,三个端头分别固定在转轴上的三个相互绝缘的集电环上,再经压在集电环上的三组电刷与外电路相连,一般绕线转子电动机在转子回路中串电阻,以改变电动机的启动和调速性能。三个电阻的另一端也接成星形,如图 2.6 所示。

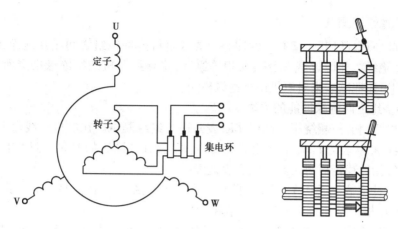

图2.6 绕线式异步电动机转子

3.气隙

异步电动机定、转子之间的气隙很小,中小型异步电动机气隙一般为 0.2 ~ 1.5 mm。气隙的大小对电动机性能影响很大,气隙越大,磁阻也就越大。磁阻大时,也就会产生同样大的磁通,因此所需的励磁电流也越大,电动机的功率因数就会越低。但气隙过小,将给装配造成困难,运行时定、转子发生摩擦,使得电动机运行不可靠。

2.1.3 电机绝缘性能测试

定子绕组用高强度漆包铜线按一定规律嵌放在定子铁芯中,相互间绝缘。若因定子绕组发热将绝缘层损坏,会导致电源相间短路,保险烧坏,空开切断电路,电机电路无法正常工作。如何对电机进行绝缘测试呢? 需要进行哪些绝缘测试呢?

1.兆欧表

兆欧表是电工常用的一种测量仪表,采用手摇发电机供电,又称摇表,如图2.7所示。主要用来检查电气设备对地及相间的绝缘电阻,保证设备和线路的正常工作,避免发生触电伤亡及设备损坏的事故。

兆欧表使用注意事项:

①测量前,进行开路测试。应将兆欧表保持水平位置,左手按住表身,右手摇动兆欧表摇柄,转速约 120 r/min,指针指向无穷大(∞),说明空气电阻为无穷大(∞),兆欧表可以正常工作;否则说明兆欧表有故障。

②测量前,进行短路测试。应将 E 与 L,红黑导线相互短接,左手按住表身,右手摇动兆欧表摇柄,转速约 120 r/min,指针指向 0。说明,兆欧表可以正常工作。

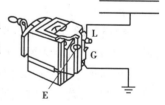

图2.7 兆欧表示意图

③在匀速摇动手柄时,注意千万不要用双手捏住 L 端(红线),E 端(黑线),否则,会发生触电事故。

④绝缘电阻的测量值在 0.5 MΩ 以上,认为该测量对象绝缘性能良好。否则,认为绝缘损坏。

2．电机绝缘性能测试

电机内部既有电的回路，又有磁的回路。要求电机内部绕组之间相互绝缘，绕组与电机机壳之间相互绝缘。如因过载、短路、缺相等原因，将导致电机绕组绝缘击穿而发生触电事故。因此我们可用兆欧表来对电机进行绝缘检测。

（1）三相绕组之间绝缘性能的测试

U 相、V 相、W 相，三相绕组之间用兆欧表来进行绝缘测试。在电机接线盒上，将 U 相绕组的 U_1 端，接在兆欧表的 L 端；将 V 相绕组的 V_1 端，接在兆欧表的 E 端；然后匀速转动手柄，约等待 10 s，等指针稳定后再观察兆欧表表盘读数。

结论：若指针读数大于 0.5 MΩ，说明 U 相和 V 相绕组绝缘性能良好。若指针读数小于 0.5 MΩ，说明 U 相和 V 相绕组的绝缘被破坏。

用同样的方法，测量 U 相与 W 相绕组之间的绝缘性能；测量 V 相与 W 相绕组之间的绝缘性能。

（2）三相绕组与电机机壳之间绝缘性能的测试

定子绕组若与电机机壳之间的绝缘被破坏，电机在工作时会漏电，操作人员就会有触电的危险。因此为保证安全生产和操作人员的人身安全，必须对绕组与机壳之间的绝缘进行检测。

将兆欧表的 L 端（红线）接（电机接线盒内）U_1 绕组，E 端（黑线）接电机外壳，电机放在地上；匀速摇动兆欧表手柄 10 s 后，等指针稳定后再观察表盘的读数。

结论：若指针读数大于 0.5 MΩ，说明 U 相和电机机壳绝缘性能良好。若指针读数小于 0.5 MΩ，说明 U 相和电机机壳的绝缘性能被破坏，电机工作时会漏电。

用同样的方法，检测 V 相、W 相与机壳之间的绝缘性能。

3．电机绝缘性能分析

某电机控制电路在空操作时，整个电路运行正常；带负载运行时，电动机声音不正常，电机振动而且保护电器动作，熔断器烧断；电动机机壳在检查过程中，发现机壳带电，威胁操作人员的安全。遇到这种问题，应该怎么检查电机呢？

①问题分析：电机电路，空操作正常，说明控制要求正常，主电路和辅助电路正常，问题出现在电机本身。

②分析问题：声音不正常，可能是三相电流不平衡导致电机运行不稳定而产生的；熔断器烧断，可能是电机相线短路；机壳带电，可能电机接地性能不好。

③相间绝缘测量：兆欧表调零后，将兆欧表的两个接线柱分别接到电动机三个相线的任意两个相线上，转动兆欧表的手柄，观察表盘指针的读数；当读数大于 0.5 MΩ 时，说明这两根相线之间的绝缘性能良好；依次测量其余相线之间的绝缘电阻，观察测量结果。

④对地绝缘测量：兆欧表调零后，将兆欧表的一个接线柱接到电机机壳金属部分；另一个接线柱接到三个相线其中一个相线上。转动兆欧表的手柄，观察表盘指针的读数；当读数大于 0.5 MΩ 时，说明该相线对地绝缘性能良好；依次测量其余相线对地的绝缘电阻，观察测量结果。

2.1.4　测试步骤

①观察电机外观是否完整，除接线盒之外有无裸露的线圈和线头。

②闻一闻电机有无烧焦的味道和观察有无冒烟的情况出现。

③慢慢转动电机的转子,看看转子是否能顺畅转动;如果不能,要检查轴承和端盖是否安装过紧。

④兆欧表测量前的开路实验与短路实验的测试。

⑤实验调试结束后,完成实验工单的填写。

2.1.5　任务小结

本任务主要要求掌握电机的结构和组成,掌握兆欧表的使用方法及用兆欧表检测电机相线间的绝缘性能,相线对地绝缘性能的测试。

技能训练

技能训练　三相异步电动机绝缘性能测试

一、主要工具

万用表、十字螺丝刀、平口螺丝刀、兆欧表、三相异步电动机一台、导线若干。

二、技能训练

1.任务目的

①认识三相异步电动机的结构组成。

②掌握兆欧表的使用。

③掌握兆欧表测量电机定子绕组相间绝缘。

④掌握兆欧表测量电机对地绝缘。

⑤掌握万用表的使用方法。

2.任务实施

(1)兆欧表参数

兆欧表的型号＿＿＿＿＿＿＿＿＿。

兆欧表的电压等级＿＿＿＿＿＿＿＿。

(2)兆欧表的短路实验与开路实验

兆欧表检测

开路实验	绝缘电阻值/MΩ	兆欧表性能
红黑两表笔开路		
短路实验	绝缘电阻值/MΩ	兆欧表性能
红黑两表笔短接		

（3）电动机绝缘性能的检测——三相绕组的相间绝缘检测

相间绝缘性能测试记录表

相间绝缘	绝缘电阻值/MΩ	绝缘性能
U-V		
U-W		
V-W		

（4）电动机绝缘性能的检测——三相绕组的对地绝缘检测

对地绝缘测试记录表

对地绝缘	绝缘电阻值/MΩ	绝缘性能
U		
V		
W		

3. 注意事项

☆测量前，应切断被测电器及回路的电源，并对相关元件进行临时接地放电，以保证人身与兆欧表的安全和测量结果准确。

☆测量前准备工作完成后进入实地测量：如果测量时显示 OL，有可能被测电阻超出仪表测量范围可以转换挡位（MΩ、GΩ，根据仪表本身功能配置来定）。

☆测量时必须正确接线。兆欧表共有 3 个接线端（L、E、G）。测量回路对地电阻时，L 端与回路的裸露导体连接，E 端连接接地线或金属外壳；测量回路的绝缘电阻时，回路的首端与尾端分别与 L、E 连接；测量电缆的绝缘电阻时，为防止电缆表面泄漏电流对测量精度产生影响，应将电缆的屏蔽层接至 G 端。

☆兆欧表接线柱引出的测量软线绝缘应良好，两根导线之间和导线与地之间应保持适当距离，以免影响测量精度。

☆摇动兆欧表时，不能用手接触兆欧表的接线柱和被测回路，以防触电。

☆摇动兆欧表后，各接线柱之间不能短接，以免损坏。

☆电子兆欧表多采用倍压电路，五号电池或者九伏电池供电工作时所需供电电流较大，故在不使用时务必要对其关机（即便有自动关机功能的，建议用完后还是选择手动关机）。

4. 训练小结

请结合技能训练情况，总结练习心得。

任务 2.2 异步电动机典型控制电路的安装与调试

相关知识

某电机外部接线盒损坏，6 个接线端子标识不明，无法判断各相绕组的首尾端？在电机接线时，不能盲目接线，否则，会引起电机输出功率下降，带载能力降低，严重时将烧毁电机，电路无法正常工作。怎样检测电机定子绕组的首尾端呢?

2.2.1　同相绕组的判断方法

　　电机外部接线盒内的 6 个接线端子,分属于三相绕组 U,V,W;一相绕组分线头与线尾。检测绕组的首尾端,第一步是区分哪两个接线端子属于同一相绕组;第二步是区分绕组的首尾端。

　　首先将万用表调到欧姆挡 2 kΩ,红黑两表笔短接,看显示数字是否归零。然后将一个表笔固定接在电机的某一个接线端上,另一个表笔依次去接触剩下的五个接线端;几次测量中,阻值最小的一次,表明两表笔所接的线头属于同一相绕组,用同一种颜色的导线插到接线孔中,引到电机外部。

　　在余下的 4 个接线端子上,用同样的方法,测量出剩下 4 个线头,哪两个线头属于同一相绕组,并用其他颜色的导线插在接线孔中,引到电机外部,供后续测量使用。

2.2.2　首尾端的判断方法

1.直流法

判断步骤:

　　(1)将电动机任一绕组的两根出线通过一只常开按钮接到电池两端。

　　(2)将万用表拨到直流电流挡最小挡 0.5 mA 挡,(注意两只表笔插孔的位置)两支表笔接其余任意一相绕组的两个线头,如图 2.8 所示。

　　(3)注意观察表头,按下按钮时,如表针正向摆动,表明电池正极和万用表黑表笔所接的线为电动机两相绕组的同名端;若表针反向摆动,则表明电池正极与红表笔所接的出线为两相绕组的同名端,判断后做好标记。

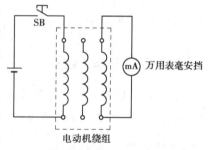

　　原理:由于开关 SB 在闭合瞬间,第一相绕组发生了电流从无到有的变化,使得在第一相绕组中产生了变化的磁通。而其中一部分磁通穿过了第三相绕组,使得第三相绕组中有变化的磁通。于是第三相绕组中产生了感应电动势,在回路中产生感应电流,电流表的指针发生了偏转。

图 2.8　直流法测量电机首尾端

2.剩磁法

判断步骤:

　　①电机接线盒内引出的 6 根导线,已经用 3 种不同颜色导线两两区分。3 种颜色的导线中(同一相绕组),每一种颜色任意抽取一根,分为两组。

　　②两组导线,线头连接在一起,分别于万用表的红黑两表笔连接,如图 2.9 所示,万用表置于直流电流最小挡、毫安挡进行测试。

　　③用手匀速转动电动机的转子,如万用表的指针不动,说明三相绕组是首首相连,尾尾相连,没有剩磁。如指针摆动,则有剩磁,三相绕组不对称,有一相绕组首尾端判断错误,可将任一相绕组的引出线首尾位置调换后再试,直到表针不动为止。

　　原理:因为电动机定子铁芯和转子铁芯中,一般情况下有少量的剩磁;所以电动机转子转动时,磁场发生变化,在三相定子绕组中将产生很小的感应电动势和感应电流。当电机的定

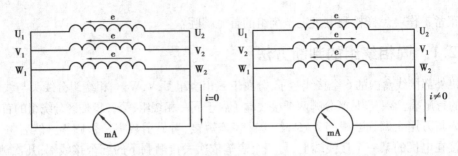

图2.9 剩磁法测量电机绕组首尾端

子绕组对称,所产生的感应电流也是对称的,电流的代数和为零,电流表的读数应为零。

如果导线的首尾端不对,三相绕组不对称,感应的三相电流不对称,流过电流表的电流矢量和不为零时,万用表中将有电流流过,万用表指针将发生偏转。如果导线的首尾端假设正确,三相绕组对称,感应电流对称,流过电流表的电流为零,万用表中没有电流流过,万用表指针就不发生偏转。

3.测试步骤

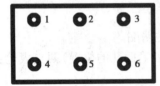

图2.10 电机接线盒

①测试电机相线,图2.10为三相电机接线盒内的6个接线端子,相线未知,排列杂乱,请用万用表的欧姆挡测量出几号线与几号线属于同一相线,并进行记录与标注。

②用直流法测试定子绕组相线的首尾端。

③用剩磁法测试定子绕组相线的首尾端。

④实验结束后,完成实验工单的填写。

2.2.3 任务小结

本任务主要训练用万用表测试电机定子绕组相线,判断电机绕组首尾端。要求掌握万用表的使用方法,掌握用万用表测量电阻和电流。

技能训练

技能训练 三相异步电动机定子绕组首尾端判断

一、主要工具

万用表、十字螺丝刀、平口螺丝刀、三相异步电动机一台、导线若干。

二、技能训练

1.任务目的

①认识三相异步电动机的结构组成。

②掌握三相异步电动机定子绕组首尾端判断。

③掌握三相异步电动机定子绕组相线判断。

④掌握万用表的使用方法。

⑤掌握三相异步电动机绝缘性能测试。

2. 任务实施

（1）三相异步电动机相线测量

电机接线盒如图 2.11 所示。

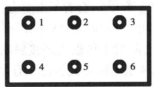

图 2.11　电机接线盒

测试电机相线记录表

测试对象	电阻值/kΩ	测试对象	电阻值/kΩ	测试对象	电阻值/kΩ
1-2		2-3		3-4	
1-3		2-4		3-5	
1-4		2-5		3-6	
1-5		2-6			
1-6					

结论：（　　　）和（　　　）为同一相线；（　　　）和（　　　）为同一相线；（　　　）和（　　　）为同一相线。

（2）定子绕组首尾端判断测量——直流法

测试电机首尾端记录表

干电池 （填写所接绕组编号）	万用表表笔 （填写所接绕组编号）	万用表偏转方向	结论 （几号绕组与几号绕组同属首端或同属尾端）

（3）定子绕组首尾端判断测量——剩磁法

测试电机首尾端记录表

万用表表笔 （红黑表笔分别所接绕组编号）	万用表偏转	结论 （几号绕组与几号绕组同属首端或同属尾端）

三、注意事项

☆万用表直流电流挡的使用：先将黑表笔插入"COM"孔。若测量大于 200 mA 的电流，则要将红表笔插入"10 A"插孔并将旋钮打到直流"10 A"挡;若测量小于 200 mA 的电流,则将红表笔插入"200 mA"插孔,将旋钮打到直流 200 mA 以内的合适量程。调整好后,就可以测量了。将万用表串进电路中,保持稳定,即可读数。若显示为"1.",那么就要加大量程;如果在数值左边出现"-",则表明电流从黑表笔流进万用表。

☆注意,使用直流法测量定子绕组首尾端时,万用表一定要旋至直流电流挡最小挡。因为直流法测量的电流非常小,挡位选择太大,会看不出变化。

☆万用表测量电阻。将表笔插进"COM"和"V·Ω"孔中,把旋钮打到"Ω"中所需的量程,用表笔接在电阻两端金属部位,测量中可以用手接触电阻,但不要用手同时接触电阻两端,这样会影响测量精确度——人体是电阻很大但也是有限大的导体。读数时,要保持表笔和电阻有良好的接触;注意单位:在"200"挡时单位是"Ω",在"2 k"到"200 k"挡时单位为"kΩ","2 M"以上的单位是"MΩ"。

四、训练小结

请结合技能训练情况,总结练习心得。

任务 2.3 三相异步电动机自锁控制电路的安装与调试

相关知识

三相异步电动机自锁控制电路的安装与调试。

2.3.1 三相异步电动机自锁控制原理图电气原理图

三相异步电动机自锁控制电路图,如图 2.12 所示。

三相异步电动机
连续运行控制线
路的连接

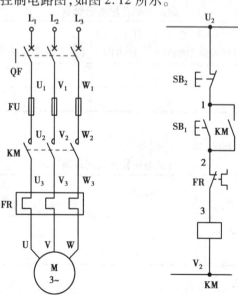

图 2.12 三相异步电动机自锁控制电路

2.3.2　工作准备

1. 工具

十字螺丝刀、平口螺丝刀、数字式万用表、主电路用红黄绿（1.5 mm²）导线若干、控制电路蓝色导线（0.5 mm²）若干、剥线钳、尖嘴钳、木工板（规格 500 mm×600 mm）、线号管。

2. 元件列表

三相异步电动机自锁控制电路的各种元件如表 2.1 所示。

表 2.1　三相异步电动机自锁控制电路元件列表

代号	名称	型号	规格	数量	备注
QF	低压断路器	DZ108-20/10-F	0.63～1 A	1	
FU	螺旋式熔断器	RL1-15	配熔体 3 A	3	
KM	交流接触器	LC1-K0910Q7	线圈 AC380 V	1	
SB_1	按钮开关	LAY16		2	SB_1 绿色
SB_2					SB_2 红色
M	三相鼠笼式异步电动机	WDJ24	U_N380 V（Y）	1	
FR	热继电器	LR2-K0306	整定电流 0.63 A	1	

2.3.3　电气布置图

三相异步电动机自锁控制电路电气布置图，如图 2.13 所示。

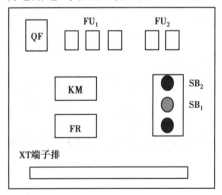

热继电器

图 2.13　三相异步电动机自锁控制电路电气布置图

2.3.4　工作步骤

①按照电气控制图，结合元件列表，准备好所有所需的元件。

②根据木工板的尺寸，元件的大小；结合电气布置图的相关要求，在木工板上布置安装所有的元件，并在元件上贴上相应的文字符号。

③根据电气原理图进行线号管装接和主、控制电路的接线。接线时注意横平竖直，布线尽量不要交叉；控制连线，套好线号管后走线槽；整齐、美观、均匀合理；连接牢固，以防松脱。

④电动机的安装和接线,一定要经端子排连线,可靠连接。

⑤安装接线完成后,要做一次主、控制电路的接线检查。

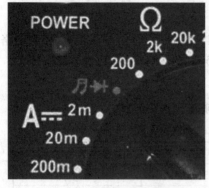

图2.14　万用表蜂鸣挡

万用表旋至蜂鸣挡如图2.14所示,红黑两个表笔短接,蜂鸣挡响,表示蜂鸣挡测试功能良好。主电路检查:万用表的一只表笔放到 U_1,另外一只表笔依次放在 U_2,U_3,U(用螺丝刀手动按下交流接触器 KM 的执行机构),蜂鸣挡响,表明该 U 相的主线路连接正确。然后,测量 V 相主电路的连接(一只表笔放在 V_1,另一只表笔依次放在 V_2,V_3,V 上,看蜂鸣挡响不响?),最后测量 W 相主电路的连接。

控制电路的检查:先把万用表红黑两只表笔,并联在交流接触器线圈两端(3、V_2),看万用表显示的数字情况并记录下来。万用表一只表笔放在 U_2 上,一只表笔依次放在1、2、3 上进行测量,在测量时,请用手一直按下按钮 SB_1,蜂鸣挡响,表示 U_2——3 号线的连接良好。一支笔放在 U_2 上,一支笔放在 V_2 上,按下启动按钮 SB_2,看看万用表显示器上显示的数字,是否和刚刚记录的数字一样,若一样,表示控制电路连接完整、无误。

⑥检查完成后,经老师检查后,才可通电进行调试,查看功能是否正常。

⑦上电检查完成后,按下停止按钮 SB_2,切断电源 QF。

2.3.5　工单填写

实验调试结束后,完成实验工单的填写。

2.3.6　任务小结

三项异步电动机连续
运行控制线路排查

本任务主要训练电动机自锁控制电路的安装与调试。技能训练,重点强调读图、识图与动手能力,要求掌握电气接线的基本技能。

技能训练

技能训练　三相异步电动机点动及自锁控制电路的安装与调试

一、主要工具

维修电工木工板一块（500 mm × 600 mm）、万用表、十字螺丝刀、平口螺丝刀、红黄绿（1.5 mm²）导线若干、蓝色（0.5 mm²）导线若干。

二、技能训练

1.任务目的

①了解自锁的含义,深刻理解点动与连续运行的区别。

②进一步学会认识基本电气控制原理图。

③掌握异步电动机点动与自锁控制,电气线路的区别。

④掌握自锁在电气控制线路中所起的作用。

⑤掌握自锁控制线路的接线。

2.任务实施

根据图2.15所示的电气元件布置图,分析自锁控制电路的电路原理。

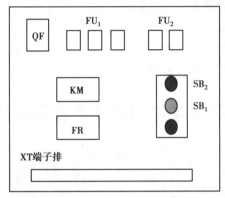

图 2.15 电气元件布置图

根据电气接线图,结合布线规则和接线规则,安装三相异步电动机自锁控制电路。

①检查实训设备外观是否良好。

②按照自锁控制电路的电气控制原理图进行接线,先接主回路,再接控制电路。接好线后,检查无误后才可合闸上电试车。

③控制结果。

	KM 线圈	KM 主触点	电机
按下 SB$_1$			
按下 SB$_2$			

④在上电试车过程中,遇到的问题和故障描述。

a. _____

_____

_____ 。

b. _____

_____

_____ 。

三、注意事项

☆接线前,应检查各电气元件各触点是否良好,能否正常工作;各电气元件是否安装牢固。

☆接线时,严格按照工艺要求,导线连接可靠,长短合适且无裸露。

☆导线与导线通过端子排进行连接。

☆主电路配线,应按根据线路电流的大小选择线径;横平竖直,90°转角,注意接线工艺。

☆控制线路,尽量走线槽;完成接线后,应将盖子盖上。

☆接线完成后,应认真检查接线;确认无误后,经指导老师确认后,才可通电试车。

☆通电中,如控制功能不正常,请立刻断开电源,记录故障现象,而后分析故障原因,进行针对性排查。

☆实训结束后,将木工板进行恢复并检查木工板上的电气元件是否正常,如有异常及时维修或更换,为下一次实训做准备。

四、训练小结

请结合技能训练情况,总结练习心得。

任务2.4 三相异步电动机正反转控制电路的安装与调试

相关知识

双重互锁的三相异步电动机正反转控制电路的安装与调试。

2.4.1 三相异步电动机正反转控制电气原理图

双重互锁的三相异步电动机正反转控制电路图,如图2.16所示。

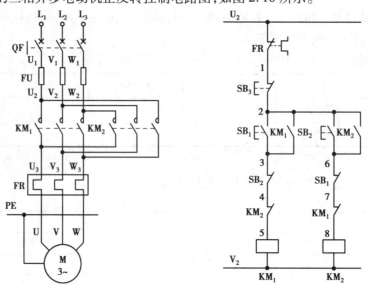

图2.16 双重互锁的三相异步电动机正反转控制电路

1.主电路

KM_1 为正转接触器,KM_2 位反转接触器。仔细观察 KM_1 和 KM_2 两个接触器的 L_1 相与 L_3 相对调,L_2 相线保持不变,实现电动机的反转。

2.控制电路

将正转启动按钮 SB_1 的常闭触点(6—7)串到 KM_2 线圈的得电回路中。

即,按下正转启动按钮 SB_1 $\begin{cases} KM_1 \text{ 线圈得电,主触点闭合,电机正转} \\ KM_1 \text{ 常开触点}(2\text{—}3)\text{闭合自锁} \\ KM_1 \text{ 常闭触点}(7\text{—}8)\text{断开互锁} \\ SB_1 \text{ 常闭触点}(6\text{—}7)\text{断开双重互锁} \end{cases}$

将反转启动按钮 SB_2 的常闭触点(3—4)串入 KM_1 线圈的得电回路中。

即,按下反转启动按钮 SB_2 $\begin{cases} KM_2 \text{ 线圈得电,主触点闭合,电机反转} \\ KM_2 \text{ 常开触点}(2\text{—}6)\text{闭合自锁} \\ KM_2 \text{ 常闭触点}(4\text{—}5)\text{断开互锁} \\ SB_2 \text{ 常闭触点}(3\text{—}4)\text{断开双重互锁} \end{cases}$

3. 电路的控制动作顺序

该电路的控制动作顺序可实现正转→反转,反转→正转,中间不用按下停止按钮 SB_3,可直接转换。

2.4.2　工作准备

1. 工具

十字螺丝刀、平口螺丝刀、数字式万用表、主电路用红黄绿(1.5 mm²)导线若干、控制电路蓝色导线(0.5 mm²)若干、剥线钳、尖嘴钳、木工板(规格 500 mm × 600 mm)、线号管。

2. 元件列表

双重互锁的三相异步电动机正反转控制电路元件如表 2.2 所示。

表 2.2　双重互锁的三相异步电动机正反转控制电路元件列表

代号	名称	型号	规格	数量	备注
QF	低压断路器	DZ108-20/10-F	0.63 ~ 1 A	1	
FU	螺旋式熔断器	RL1-15	配熔体 3 A	3	
KM_1 KM_2	交流接触器	LC1-K0910Q7	线圈 AC380 V	2	
FR	热继电器	LR2-K0306	整定 0.63 A	1	
SB_1 SB_2 SB_3	按钮开关	LAY16	一常开一常闭 自动复位	3	SB_2、SB_1 绿色 SB_3 红色
M	三相鼠笼式 异步电动机	WDJ24	U_N380 V(Y)	1	

2.4.3　电气布置图

双重互锁的三相异步电动机正反转控制电路电气布置如图 2.17 所示。

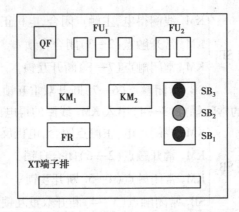

图 2.17　双重互锁的三相异步电动机正反转控制电路电气布置图

2.4.4　工作步骤

①按照电气控制图,结合元件列表,准备好所有所需的元件。

②根据木工板的尺寸,元件的大小,结合电气布置图的相关要求,在木工板上布置安装所有的元件,并在元件上贴上相应的文字符号。

③根据电气原理图进行线号管装接和主、控制电路的接线。接线时注意:横平竖直,布线尽量不要交叉;控制连线,套好线号管后走线槽;整齐、美观、均匀合理;连接牢固,以防松脱。

④电动机的安装和接线,一定要经端子排连线,可靠连接。

⑤安装接线完成后,要做一次主、控制电路的接线检查。

万用表旋至蜂鸣挡,红黑两个表笔短接,蜂鸣挡响,表示蜂鸣挡测试功能良好。主电路检查:万用表的一支表笔放到 U_1,另外一支表笔依次放在 U_2、U_3、U(用螺丝刀手动按下交流接触器 KM_1、KM_2 的执行机构),蜂鸣挡响,表明该 U 相的主线路连接正确。然后,测量 V 相主电路的连接(一只表笔放在 V_1,另一只表笔依次放在 V_2、V_3、V 上,看蜂鸣挡响不响?),最后测量 W 相主电路的连接。

控制电路的检查:先把万用表红黑两只表笔,并联在交流接触器线圈两端(5、V_2),看万用表显示的数字情况,并记录下来。万用表一只表笔放在 U_2 上,一只表笔依次放在 1、2、3、4、5上进行测量;在测量时,请用手一直按下按钮 SB_1,蜂鸣挡响,表示 U_2——5 号线的连接良好。一支笔放在 U_2 上,一支笔放在 V_2 上,按下启动按钮 SB_1,看看万用表显示器上显示的数字,是否和刚刚记录的数字一样,若一样,表示控制电路连接完整、无误。

用同样的方法测量反转控制电路的装接是否完好。

⑥检查完成后,经老师检查后,方可通电进行调试,查看功能是否正常。

⑦上电检查完成后,按下停止按钮 SB_2,切断电源 QF。

2.4.5　工单填写

实验调试结束后,完成实验工单的填写。

2.4.6　任务小结

本任务为技能训练,重点要求会识读电气控制图,掌握电气图的接线。接线完成后,能进行电气线路的检查与故障的排查。

技能训练 三相异步电动机双重互锁正反转控制电路安装与调试

一、主要工具

维修电工木工板一块（500 mm × 600 mm）、万用表、十字螺丝刀、平口螺丝刀、红黄绿（1.5 mm²）导线若干、蓝色（0.5 mm²）导线若干。

二、技能训练

1. 任务目的

①认识交流接触器和辅助触头，掌握其连接方法及所起到的作用。
②进一步学会认识基本电气控制原理图。
③理解掌握互锁的含义、作用以及实现互锁的方法。
④学会实现电机正反转的各种方法以及注意事项。
⑤掌握双重互锁正反转控制线路的接线。

2. 任务实施

根据图 2.18 的电气元件布置图，分析双重互锁正反转控制电路的电路原理。根据电气接线图，结合布线规则和接线规则，安装三相异步电动机双重互锁正反转电气控制电路。

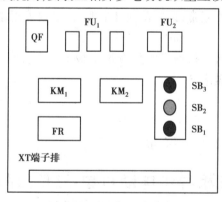

图 2.18 电气元件布置图

①检查实训设备外观是否良好。
②按照双重互锁正反转控制电路的电气控制原理图进行接线，先接主回路，再接控制电路。接好线后，检查无误后才可合闸上电试车。
③控制结果。

	KM₁ 线圈	KM₁ 主触点	KM₂ 线圈	KM₂ 主触点	电机
按下 SB₁					

续表

	KM₁ 线圈	KM₁ 主触点	KM₂ 线圈	KM₂ 主触点	电机
按下 SB₂					
按下 SB₃					

④在上电试车过程中,遇到的问题和故障描述。

a. _____
_____
_____。

b. _____
_____
_____。

三、注意事项

☆接线前,应检查各电气元件各触点是否良好,能否正常工作;各电气元件是否安装牢固。

☆接线时,严格按照工艺要求;导线连接可靠,长短合适且无裸露。

☆导线与导线通过端子排进行连接。

☆主电路配线,应按根据线路电流的大小选择线径;横平竖直,90°转角,注意接线工艺。

☆控制线路,尽量走线槽;完成接线后,应将盖子盖上。

☆接线完成后,应认真检查接线;确认无误后,经指导老师确认后,才可通电试车。

☆通电中,如控制功能不正常,请立刻断开电源,记录故障现象,而后分析故障原因,进行针对性的排查。

☆实训结束后,将木工板进行恢复并检查木工板上的电气元件是否正常,如有异常及时维修或更换,为下一次实训做准备。

四、训练小结

请结合技能训练情况,总结练习心得。

任务 2.5　三相异步电动机星-三角形降压启动控制电路的安装与调试

相关知识

三相异步电动机星-三角形降压启动控制电路的安装与调试。

2.5.1　三相异步电动机星-三角形降压启动控制电路电气原理图

三相异步电动机星-三角形降压启动控制电路图,如图 2.19 所示。

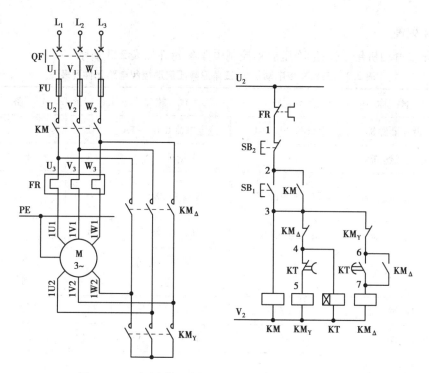

图 2.19　三相异步电动机星-三角形降压启动控制电路

2.5.2　工作过程分析

①KM_Y 与 $KM_\triangle$ 不能同时得电,控制电路实现了互锁。

②合闸低压断路器 QF。

按下启动按钮 $SB_1 \rightarrow$ $\left\{\begin{array}{l}\text{线圈 KM 得电} \rightarrow \text{KM 常开触点}(2—3)\text{闭合,自锁}\\ \text{线圈 } KM_Y \text{ 得电} \rightarrow KM_Y \text{ 常闭触点}(3—6)\text{断开,互锁}\\ \text{线圈 KT 得电} \rightarrow \text{KT 延时触点开始延时}(4—5)(6—7)\end{array}\right\} \rightarrow$

$\rightarrow KM$、KM_Y 主触点闭合,电动机星形连接,降压启动。

③时间继电器 KT 延时时间到

$\left\{\begin{array}{l}\text{KT 延时触点}(4—5)\text{断开} \rightarrow \text{接触器线圈 } KM_Y \text{ 失电} \rightarrow KM_Y \text{ 常闭触点}(3—6)\text{复位闭合}\\ \text{KT 延时触点}(6—7)\text{闭合} \rightarrow \text{接触器线圈 } KM_\triangle \text{ 得电} \left\{\begin{array}{l} KM_\triangle \text{ 常闭触点}(3—4)\text{断开,互锁}\\ \text{KT 线圈失电}\\ KM_\triangle \text{ 常开触点}(6—7)\text{闭合自锁}\end{array}\right.\end{array}\right.$

$\rightarrow KM$、$KM_\triangle$ 主触点闭合,电动机三角形连接,全压运行。

④按下停止按钮 $SB_2 \rightarrow KM$、$KM_\triangle$ 线圈失电 $\rightarrow KM$、$KM_\triangle$ 主触点断开 $\rightarrow$ 电机停止。

2.5.3　工作准备

1.工具

十字螺丝刀、平口螺丝刀、数字式万用表、主电路用红黄绿(1.5 mm^2)导线若干、控制电路蓝色导线(0.5 mm^2)若干、剥线钳、尖嘴钳、木工板(规格 500 mm×600 mm)、线号管。

2. 元件列表

三相异步电动机星-三角形降压启动控制电路各元件如表2.3所示。

表 2.3   三相异步电动机星-三角形降压启动控制电路元件列表

代 号	名 称	型 号	规 格	数 量	备 注
QF	低压断路器	DZ108-20/10-F	整定电流 0.63~1A	1	
FU	螺旋式熔断器	RL1-15	配熔体 3 A	3	
KM_Y $KM_\triangle$	交流接触器	LC1-K0910Q7	线圈 AC380 V	3	
FR	热继电器	LR2-K0306	整定 0.63 A	1	
SB_1 SB_2	按钮开关	LAY16	一常开一常闭 自动复位	2	SB_1 绿色 SB_2 红色
KT	时间继电器	ST3PA-B	二常开二常闭	1	
XT	接线端子排	JF5	AC660 V25 A	10 位	
M	三相鼠笼式异步电动机	WDJ26(厂编)	UN308V(△)	1	

2.5.4   电气布置图

三相异步电动机星-三角形降压启动控制电路电气布置如图2.20所示。

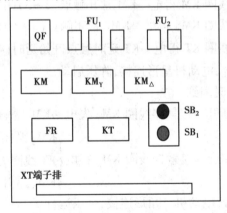

图 2.20   三相异步电动机星-三角形降压启动控制电路电气布置图

2.5.5   工作步骤

①按照电气控制图,结合元件列表,准备好所有所需的元件。

②根据木工板的尺寸,元件的大小,结合电气布置图的相关要求,在木工板上布置安装所有的元件,并在元件上贴上相应的文字符号。

③根据电气原理图进行线号管装接和主、控制电路的接线。接线时注意:横平竖直,布线尽量不要交叉;控制连线,套好线号管后,走线槽;整齐、美观、均匀合理;连接牢固,以防松脱。

④电动机的安装和接线,一定要经端子排连线,可靠连接。

⑤安装接线完成后,要做一次主、控制电路的接线检查。尤其注意主电路中,3个交流接触器主触点的连线,防止相间短路,造成安全隐患。

⑥检查完成后,经老师检查后,才可通电进行调试,查看功能是否正常。

⑦上电检查完成后,按下停止按钮 SB$_2$,切断电源 QF。

2.5.6　工单填写

实验调试结束后,完成实验工单的填写。

2.5.7　任务小结

本任务为技能训练,要求掌握电气控制线路的识读和接线;能够分析电机控制电路的控制过程,能根据故障现象大致的推测故障点并进行排查。

技能训练

技能训练　三相异步电动机星-三角形降压启动控制电路的安装与调试

一、主要工具

维修电工木工板一块(500 mm × 600 mm)、万用表、十字螺丝刀、平口螺丝刀、红黄绿(1.5 mm²)导线若干、蓝色(0.5 mm²)导线若干。

二、技能训练

1. 任务目的

①认识交流接触器和辅助触头,掌握其连接方法及所起到的作用。

②熟悉电气控制原理图的识读和绘制。

③掌握 Y-△降压启动的原理。

④掌握时间继电器的使用及其触点的动作过程。

⑤掌握 Y-△降压启动控制线路的接线。

2. 任务实施

根据图 2.21 的电气元件布置图,结合 Y-△降压启动控制的电气原理图;结合布线规则和接线规则,安装三相异步电动机 Y-△降压启动的电气控制电路。

①检查实训设备外观是否良好。

②按照 Y-△降压启动控制电路的电气控制原理图进行接线,先接主回路,再接控制电路。接好线后,检查无误后方可合闸上电试车。

③控制结果。

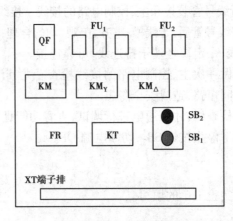

图 2.21　电气元件布置图

	KM 线圈	KM 主触点	KM$_Y$ 线圈	KM$_Y$ 主触点	KM$_\triangle$ 线圈	KM$_\triangle$ 主触点	电机
按下 SB$_1$							
按下 SB$_2$							

④在上电试车过程中,遇到的问题和故障描述。

a. _____

_____

_____ 。

b. _____

_____

_____ 。

三、注意事项

☆接线前,应检查各电气元件各触点是否良好,能否正常工作;各电气元件是否安装牢固。

☆接线时,严格按照工艺要求;导线连接可靠,长短合适且无裸露。

☆导线与导线通过端子排进行连接。

☆主电路配线,应根据线路电流的大小选择线径;横平竖直,90°转角,注意接线工艺。

☆控制线路,尽量走线槽;完成接线后,应将盖子盖上。

☆接线完成后,应认真检查接线;确认无误后,经指导老师确认后,才可通电试车。

☆通电中,如控制功能不正常,请立刻断开电源,记录故障现象,而后分析故障原因,进行针对性的排查。

☆实训结束后,将木工板进行恢复并检查木工板上的电气元件是否正常,如有异常及时维修或更换,为下一次实训做准备。

四、训练小结

请结合技能训练情况,总结练习心得。

任务2.6 三相异步电动机顺序控制电路设计、安装与调试

相关知识

如何实现几台电机的顺序启动,顺序停止?

2.6.1 顺序控制

在生产中,往往需要多台电动机配合工作,根据工艺流程要求,它们的启动和停车必须按照事先规定的顺序进行,称为顺序控制。例如,某些大型机床,要求主轴一定要在有切削液的情况下才能工作。因此,必须先启动油泵电动机为主轴提供切削液,然后才能启动主轴电动机。同理,在停车时必须先停主轴电动机,然后才能停油泵电动机。

顺序控制,可以在电机的主电路中实现;但一般利用控制电路实现电机的顺序控制。如图2.22所示,通过主电路实现电机 M_1 先启动后, M_2 才可以启动的控制。

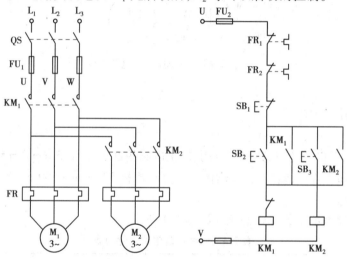

图2.22　主电路实现顺序启动控制线路

利用控制电路实现电机的顺序启动,逆序停止的结论:

①将先动接触器的常开触点串联在后动接触器线圈电路中。

②将先停接触器的常开触点并联在后停接触器的停止按钮两端。

③同时得电,同时动作的继电器线圈,可并联连接。

利用该结论,可以设计出电机的顺序控制电路。

2.6.2 顺序控制电路的设计

1.设计要求

设计一个控制电路,两台笼型异步电动机启动时, M_1 先启动,8 s后 M_2 自动启动;停车时, M_2 先停止,10 s后 M_1 自动停止。在运行过程中,如若发生紧急情况,能紧急停车;停车后,可再次启动。

主电路如图2.23所示,请根据控制要求,结合主电路,设计出实现此控制要求的控制电

路,并将其画出。

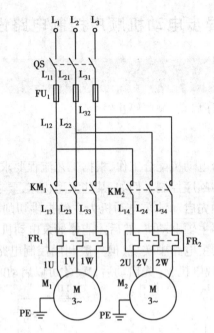

图 2.23 顺序控制主电路

2. 工作准备

(1)设计控制电路图

(2)工具

十字螺丝刀、平口螺丝刀、数字式万用表、主电路用红黄绿($1.5\ \text{mm}^2$)导线若干、控制电路蓝色导线($0.5\ \text{mm}^2$)若干、剥线钳、尖嘴钳、木工板(规格 500 mm×600 mm)、线号管。

(3)元件列表

顺序控制电路技能训练提供的元件如表 2.4 所示。

表 2.4　顺序控制电路元件列表

代号	名称	型号	规格	数量	备注
QS	刀开关	陶瓷 HK2 式保护电工刀闸闸刀开关	380 V/16 A	1	
FU	螺旋式熔断器	RL1-15	配熔体 3 A	3	
KM	交流接触器	LC1-K0910Q7	线圈 AC380 V	2	
FR	热继电器	LR2-K0306	整定 0.63 A	2	
SB₁ SB₂ SB₃	按钮开关	LAY16	一常开一常闭 自动复位	3	SB₁ 绿色 SB₂ 红色 SB₃ 黑色
KT	时间继电器	ST3PA-B	二常开二常闭	2	
XT	接线端子排	JF5	AC660V25A	10 位	
M	三相鼠笼式异步电动机	WDJ26(厂编)	UN308V(△)	1	

3. 绘制电气布置图

顺序控制电路电气布置如图 2.24 所示。

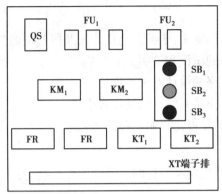

图 2.24 顺序控制电路电气布置图

4. 工作步骤

①按照电气控制图,结合元件列表,准备好所有所需的元件。

②根据木工板的尺寸,元件的大小;结合电气布置图的相关要求,在木工板上布置安装所有的元件,并在元件上贴上相应的文字符号。

③根据电气原理图进行线号管装接和主、控制电路的接线。接线时注意:横平竖直,布线尽量不要交叉;控制连线,套好线号管后,走线槽;整齐、美观、均匀合理;连接牢固,以防松脱。

④电动机的安装和接线,一定要经端子排连线,可靠连接。

⑤安装接线完成后,要做一次主、控制电路的接线检查。尤其注意主电路中,3 个交流接触器主触点的连线,防止相间短路,造成安全隐患。

⑥检查完成后,经老师检查后,才可通电进行调试,查看功能是否正常。

⑦上电检查完成后,按下停止按钮 SB_2,切断电源 QF。

5. 工单填写

实验调试结束后,完成实验工单的填写。

2.6.3 任务小结

本任务要求掌握电机顺序控制电路的设计、安装与调试。能够掌握控制电机顺序启动,逆序停止的设计方法。

技能训练 三相异步电动机顺序控制电路的安装与调试

一、主要工具

维修电工木工板一块(500 mm × 600 mm)、万用表、十字螺丝刀、平口螺丝刀、红黄绿(1.5 mm²)导线若干、蓝色(0.5 mm²)导线若干。

二、技能训练

1. 任务目的

①认识交流接触器和辅助触头,掌握其连接方法及所起到的作用。

②熟悉电气控制原理图的识读和绘制。

③掌握电机顺序控制电路的设计方法原理。

④掌握时间继电器的使用及其触点的动作过程。

⑤掌握电机顺序启动,逆序停止控制线路的接线。

2. 任务实施

①根据控制要求,设计并绘制满足控制要求的顺序控制电路。

控制要求如下:

设计一个控制电路,两台笼型异步电动机启动时,M_1 先启动,8 s 后 M_2 自动启动;停车时,M_2 先停止,10 s 后,M_1 自动停止。在运行过程中,如若发生紧急情况,能紧急停车;停车后,可再次启动。

②根据设计的控制电路,结合给出的主电路,绘制出该电路的电气元件布置图。

③检查各实训设备外观是否良好。

④根据电气控制原理图进行接线,先接主回路,再接控制电路。接好线后,检查无误后方可合闸上电试车。

⑤控制结果

启动时,按下按钮_____,交流接触器_____得电,电机_____启动;同时,时间继电器_____线圈得电,计时开始。8 s 时间到,交流接触器_____得电,电机_____转动。

停车时,按下按钮_____,时间继电器_____得电,交流接触器_____失电,电机_____立刻停转;同时,时间继电器_____,计时开始。10 s 时间到,交流接触器_____失电,时间继电器_____失电,电机_____停转。

⑥在上电试车过程中,遇到的问题和故障描述。

a. _____
_____
_____。

b. _____
_____
_____。

c. _____
_____
_____。

三、注意事项

☆接线前,应检查各电气元件各触点是否良好,能否正常工作;各电气元件是否安装牢固。

☆接线时,严格按照工艺要求;导线连接可靠,长短合适且无裸露。

☆导线与导线通过端子排进行连接。

☆主电路配线,应根据线路电流的大小选择线径;横平竖直,90°转角,注意接线工艺。

☆控制线路,尽量走线槽;完成接线后,应将盖子盖上。

☆接线完成后,应认真检查接线;确认无误后,经指导老师确认后,才可通电试车。

☆通电中,如控制功能不正常,请立刻断开电源,记录故障现象,而后分析故障原因,进行针对性的排查。

☆实训结束后,将木工板进行恢复并检查木工板上的电气元件是否正常,如有异常及时维修或更换,为下一次实训做准备。

四、训练小结

请结合技能训练情况,总结练习心得。

任务 2.7　双速电机控制电路的安装与调试

双速电机控制电路的安装与调试。

2.7.1　双速电机控制原理图

双速电机,运行在低速时,定子绕组 U_1,V_1,W_1 接三相电源;U_2,V_2,W_2 悬空,电机定子绕组三角形连接。运行在高速时,定子绕组 U_1,V_1,W_1 连接在一起,U_2,V_2,W_2 接三相电源,电机定子绕组双星形连接,如图 2.25 所示。

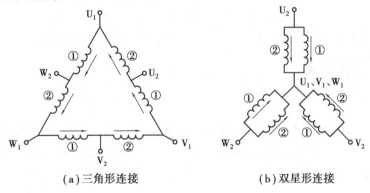

（a）三角形连接　　　　（b）双星形连接

图 2.25　双速电机定子绕组低速

双速电机控制电路,如图 2.26 所示。电机低速运行时,交流接触器 KM_1 闭合,U_1,V_1,W_1 接三相电源,U_2,V_2,W_2 悬空。电机高速运行时,交流接触器 KM_2,KM_3 闭合,U_1,V_1,W_1 连接在一起,U_2,V_2,W_2 接三相电源。

为了保证电机从低速转到高速,转向不变,需改变其中两相电源的相序。

控制过程分析:

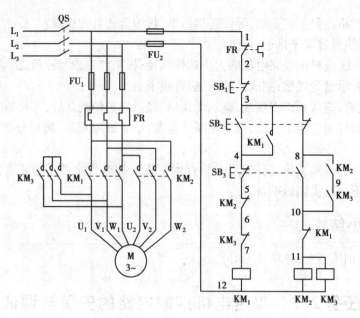

图 2.26　双速电机控制电路

合闸 QS

①按下低速启动按钮 SB$_2$ $\left\{\begin{array}{l}\text{KM}_1 \text{线圈得电}\rightarrow\text{KM}_1 \text{主触点闭合} \\ \text{KM}_1 \text{常开触点闭合}(3—4),\text{自锁} \\ \text{KM}_1 \text{常闭触点断开}(10—11),\text{互锁} \\ \text{SB}_2 \text{常闭触点}(3—8)\text{断开},\text{互锁}\end{array}\right\}$→电机低速运行。

②按下高速启动按钮 SB$_3$ $\left\{\begin{array}{l}\text{KM}_2\text{、KM}_3 \text{线圈得电}\rightarrow\text{KM}_2\text{、KM}_3 \text{主触点闭合} \\ \text{KM}_2\text{、KM}_3 \text{常开触点闭合}(8—9—10),\text{自锁} \\ \text{KM}_2\text{、KM}_3 \text{常闭触点断开}(5—6—7),\text{互锁} \\ \text{SB}_3 \text{常闭触点}(4—5)\text{断开},\text{互锁}\end{array}\right\}$→电机高速运行。

③按下停止按钮 SB$_1$，交流接触器 KM$_1$，KM$_2$，KM$_3$ 失电，电机 M 停转。

2.7.2　工作准备

1.工具

十字螺丝刀、平口螺丝刀、数字式万用表、主电路用红黄绿（1.5 mm^2）导线若干、控制电路蓝色导线（0.5 mm^2）若干、剥线钳、尖嘴钳、木工板（规格 500 mm×600 mm）、线号管。

2.元件列表

双速电机控制电路各元件如表 2.5 所示。

表 2.5　双速电机控制电路元件列表

代号	名称	型号	规格	数量	备注
QS	刀开关	陶瓷 HK2 式保护电工刀闸闸刀开关	380 V/16 A	1	

续表

代号	名称	型号	规格	数量	备注
FU_1	螺旋式熔断器	RL1-15	配熔体3 A	3	
FU_2	直插式熔断器	RT14-20	配熔体2 A	2	
$KM_1 \sim KM_3$	交流接触器	LC1-K0910Q7		3	
SB_1 SB_2 SB_3	按钮开关	LAY16		3	SB_1红、SB_2绿 SB_3黑
FR	热继电器	LR2-K0306	整定0.63 A	1	
M	双速异步 电动机	WDJ22(厂编)	U_N380 V（△/YY）	1	

2.7.3 电气布置图

双速电机控制电路电气布置如图2.27所示。

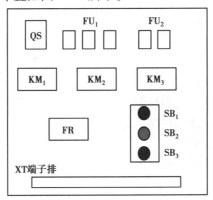

图2.27 双速电机控制电路电气布置图

2.7.4 工作步骤

①按照电气控制图,结合元件列表,准备好所有所需的元件;

②根据木工板的尺寸,元件的大小;结合电气布置图的相关要求,在木工板上布置安装所有的元件,并在元件上贴上相应的文字符号。

③根据电气原理图进行线号管装接和主、控制电路的接线。接线时注意:横平竖直,布线尽量不要交叉;控制连线,套好线号管后,走线槽;整齐、美观、均匀合理;连接牢固,以防松脱。

④电动机的安装和接线,一定要经端子排连线,可靠连接。

⑤安装接线完成后,要做一次主、控制电路的接线检查。尤其注意主电路中,3个交流接触器主触点的连线,防止相间短路,造成安全隐患。

⑥检查完成后,经老师检查后,才可通电进行调试,查看功能是否正常。

⑦上电检查完成后,按下停止按钮SB_1,切断电源QS。

2.7.5 工单填写

实验调试结束后,完成实验工单的填写。

2.7.6 任务小结

本任务为技能训练,要求掌握电气控制线路的识读和接线;能够分析电机控制电路的控制过程,能根据故障现象大致的推测故障点并进行排查。

技能训练

技能训练 双速电机控制电路的安装与调试

一、主要工具

维修电工木工板一块(500 mm × 600 mm)、万用表、十字螺丝刀、平口螺丝刀、红黄绿(1.5 mm^2)导线若干,蓝色(0.5 mm^2)导线若干。

二、技能训练

1.任务目的

①了解双速电机调速的原理。
②熟悉电气控制原理图的识读和绘制。
③了解接触器控制双速电动机线路的应用。
④掌握双速电机电气控制原理。
⑤掌握双速电机调速控制线路的接线。

2.任务实施

根据图2.28的电气元件布置图,分析双速电机控制电路的电路原理;根据电气接线图,结合布线规则和接线规则,安装双速电机电气控制电路。

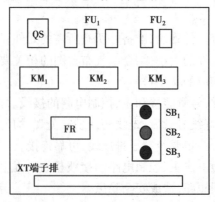

图2.28 电气元件布置图

①检查实训设备外观是否良好。

②按照双速电机控制电路的电气控制原理图进行接线,先接主回路,再接控制电路。接好线后,检查无误后方可合闸上电试车。

③控制结果

	KM₁线圈	KM₁主触点	KM₂线圈	KM₂主触点	KM₃线圈	KM₃主触点	电机
按下 SB₁							
按下 SB₂							
按下 SB₃							

④在上电试车过程中,遇到的问题和故障描述。

a. _____

_____

_____。

b. _____

_____

_____。

三、注意事项

☆接线前,应检查各电气元件各触点是否良好,能否正常工作;各电气元件是否安装牢固。

☆接线时,严格按照工艺要求;导线连接可靠,长短合适且无裸露。

☆导线与导线通过端子排进行连接。

☆主电路配线,应根据线路电流的大小选择线径;横平竖直,90°转角,注意接线工艺。

☆控制线路,尽量走线槽;完成接线后,应将盖子盖上。

☆接线完成后,应认真检查接线;确认无误后,经指导老师确认后,才可通电试车。

☆通电中,如控制功能不正常,请立刻断开电源,记录故障现象,而后分析故障原因,进行针对性的排查。

☆实训结束后,将木工板进行恢复并检查木工板上的电气元件是否正常,如有异常及时维修或更换,为下一次实训做准备。

四、训练小结

请结合技能训练情况,总结练习心得。

任务 2.8　三相异步电动机反接制动控制电路的安装与调试

相关知识

三相异步电动机反接制动控制电路的安装与调试。

2.8.1 三相异步电动机反接制动电气原理图

三相异步电动机反接制动控制电路图,如图 2.29 所示。

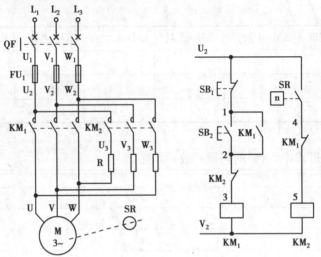

图 2.29　三相异步电动机反接制动控制电路

电源反接制动是指在电动状态下,改变三相电源其中两相电源的相序,电动机的旋转磁场随即反向,电磁转矩也反向,电磁转矩与此时电动机旋转方向相反,电机将在制动转矩的作用下,降速停车。

反接制动的关键是,当电机转速接近零时,要立刻切断三相电源,否则电机将会反转。

2.8.2　工作准备

1.工具

十字螺丝刀、平口螺丝刀、数字式万用表、主电路用红黄绿(1.5 mm²)导线若干、控制电路蓝色导线(0.5 mm²)若干、剥线钳、尖嘴钳、木工板(规格 500 mm×600 mm)、线号管。

2.元件列表

三相异步电动机反接制动控制电路各元件如表 2.6 所示。

表 2.6　三相异步电动机反接制动控制电路元件列表

代号	名称	型号	规格	数量	备注
QF	低压断路器	DZ108-20/10-F	整定电流 0.63~1 A	1	
FU	螺旋式熔断器	RL1-15	配熔体 3 A	3	
KM₁ KM₂	交流接触器	LC1-K0910Q7	线圈 AC380 V	2	
SB₁ SB₂	按钮	LAY16	一常开一常闭自动复位	2	SB₁ 红色 SB₂ 绿色
M	三相异步电动机	WDJ24-1(厂编)	380 V/Y	1	
SR	速度继电器	JFZO		1	

续表

代号	名称	型号	规格	数量	备注
FR	热继电器	LR2-K0306	整定 0.63 A	1	
R	电阻	75 Ω/75 W		3	

2.8.3　电气布置图

三相异步电动机反接制动控制电路电气布置如图 2.30 所示。

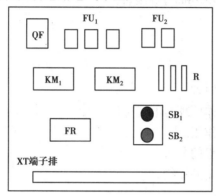

图 2.30　三相异步电动机反接制动控制电路电气布置图

2.8.4　工作步骤

①按照电气控制图,结合元件列表,准备好所有所需元件。

②根据木工板的尺寸,元件的大小;结合电气布置图的相关要求,在木工板上布置安装所有的元件,并在元件上贴上相应的文字符号。

③根据电气原理图进行线号管装接和主、控制电路的接线。接线时注意:横平竖直,布线尽量不要交叉;控制连线,套好线号管后,走线槽;整齐、美观、均匀合理;连接牢固,以防松脱。

④电动机的安装和接线,一定要经端子排连线,可靠连接。

⑤安装接线完成后,要做一次主、控制电路的接线检查。尤其注意主电路中,3 个交流接触器主触点的连线,防止相间短路,造成安全隐患。

⑥检查完成后,经老师检查后,才可通电进行调试,查看功能是否正常。

⑦上电检查完成后,按下停止按钮 SB₁,切断电源 QS。

2.8.5　工单填写

实验调试结束后,完成实验工单的填写。

2.8.6　任务小结

本任务为技能训练,要求掌握电气控制原理图的识读与接线。掌握反接制动的控制过程,明确反接制动的控制效果;如若无制动效果,应进行故障排查。电气接线时,严格按照相关规定,注意接线工艺。

技能训练 三相异步电动机反接制动控制电路的安装与调试

一、主要工具

维修电工木工板一块（500 mm×600 mm）、万用表、十字螺丝刀、平口螺丝刀、红黄绿（1.5 mm²）导线若干、蓝色（0.5 mm²）导线若干。

二、技能训练

1.任务目的

①掌握反接制动的工作原理。
②掌握速度继电器的工作原理与电气符号。
③掌握制动电阻所起的作用。
④掌握反接制动控制过程的分析。
⑤掌握反接制动控制线路的接线。

2.任务实施

根据图2.31的电气元件布置图,分析反接制动控制电路的电路原理;根据电气接线图,结合布线规则和接线规则,安装三相异步电动机反接制动电气控制电路。

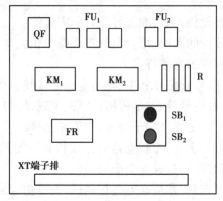

图2.31 电气元件布置图

①检查实训设备外观是否良好。
②按照反接制动控制电路的电气控制原理图进行接线,先接主回路,再接控制电路。接好线后,检查无误后方可合闸上电试车。
③控制结果。

	KM₁ 线圈	KM₁ 主触点	KM₂ 线圈	KM₂ 主触点	电机
按下 SB₁					
按下 SB₂					

74

④在上电试车过程中,遇到的问题和故障描述。

a. _____

_____

_____。

b. _____

_____

_____。

三、注意事项

☆接线前,应检查各电气元件各触点是否良好,能否正常工作;各电气元件是否安装牢固。

☆接线时,严格按照工艺要求;导线连接可靠,长短合适且无裸露。

☆导线与导线通过端子排进行连接。

☆主电路配线,应根据线路电流的大小选择线径;横平竖直,90°转角,注意接线工艺。

☆控制线路,尽量走线槽;完成接线后,应将盖子盖上。

☆接线完成后,应认真检查接线;确认无误后,经指导老师确认后,才可通电试车。

☆通电中,如控制功能不正常,请立刻断开电源,记录故障现象,而后分析故障原因,进行针对性的排查。

☆实训结束后,将木工板进行恢复并检查木工板上的电气元件是否正常,如有异常及时维修或更换,为下一次实训做准备。

四、训练小结

请结合技能训练情况,总结练习心得。

任务2.9 电气控制电路故障检修方法

相关知识

电气线路往往发生多种难以预料的故障,如:主轴电机突然异响,而后停车;电机时停时转,接触器振动剧烈;熔断器突然熔断等一系列的故障。发生故障后,作为检修人员,我们应该怎么去检修呢?

2.9.1 阅读电气控制原理图

当电气设备发生故障时,要了解电气设备的主要结构、运动形式、操作方法。电气控制线路的控制原理及生产工艺,熟悉和掌握故障诊断的方法,才能迅速、准确、安全地查找出故障点并迅速排除。一般在进行机床故障检查时,应遵循以下步骤。

阅读电气控制原理图,主要是为了帮助检修人员掌握机床的结构、运动控制、操作方法;分析机床的控制过程。

读主电路,了解机床由哪些电机实现拖动,都是什么功能;有哪些保护元件。

读控制电路,掌握机床的控制过程;分析各电机的控制电路的控制情况。

读照明电路和电源指示电路。

2.9.2 检修前的故障调查

①问。向操作员询问故障发生前、后的情况:故障发生前,有什么异常情况? 故障发生时,是否在进行操作? 按了哪个按钮? 机床有无异响? 冒烟? 故障发生后,电机是自由停车,还是突然停车,或是由操作人员按下停止按钮后停车? 该机床之前都有什么故障发生,怎么处理的,是否已经解决?

②看。检查保护电器是否动作。熔断器是否熔断? 热继电器是否动作? 电气电路中,有无烧焦? 发热? 看连接导线是否牢固?

③闻。闻一闻现场是否有烧焦的味道。

④摸。摸一摸电机、继电器、接触器的发热情况。

⑤听。听一听机床在运行时各器件运行声音是否正常。

2.9.3 故障检修

检查故障时,首先从主电路入手,看拖动该设备的几个电动机是否正常。然后逆着电流方向检查主电路的触点系统、热元件、熔断器、隔离开关及线路本身是否有故障。最后根据主电路与控制电路之间的控制关系,检查控制回路的线路接头,自锁或互锁触点、电磁线圈是否正常;检查并确定制动装置、传动机构中工作不正常的范围,从而找出故障部位。

通过直接观察无法找到故障点时,在不造成损失的前提下,先切断主线路,让电动机停转。然后通电并检查控制电路的动作顺序,观察各元件的动作情况。如某元件该动作时不动作、不该动作时乱动作、动作不正常、行程不到位、虽能吸合但接触电阻过大或有异响等情况,则故障点很可能就在该元件中。

当认定控制电路工作正常后,先接通主电路,再检查控制电路对主电路的控制效果,最后检查主电路的供电环节是否有问题。

2.9.4 故障检修方法

1.电压测量法

电压测量检测电路故障时,将万用表打到交流电压 500 V 挡。

(1)分阶测量法(图 2.32)

点 1-7 电压值:380 V,正常;按下并一直按着启动按钮 SB$_2$;点 2-7 电压值:380 V,正常;点 3-7 电压值:380 V,正常;点 4-7 电压值:380 V,正常;点 5-7 电压值:380 V,正常;点 6-7 电压值:380 V,正常;若 6-7 电压为 0 V,表明电路有断路故障。万用表的黑表笔固定在 7 点不动,红表笔依次从 5、4、3、2、1 往前移;当红笔移动到 4 点时,电压正常 380 V,说明 1—4 点连接正确无误;故障出现在 4 点之后的控制电路中。一般是 4 点之后的第一个触点有断路故障,电压分阶测量法判断电路故障见表 2.7。

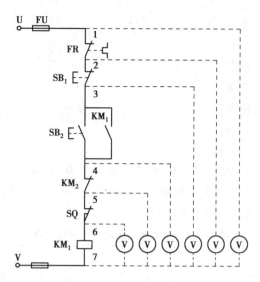

图 2.32　电压分阶测量法

表 2.7　电压分阶测量法判断电路故障

序号	2—7	3—7	4—7	5—7	6—7	故障
1	0	0	0	0	0	FR 常闭触点断开
2	380 V	0	0	0	0	SB₁ 常闭触点断开
3	380 V	380 V	0	0	0	SB₂ 常开触点接触不好
4	380 V	380 V	380 V	0	0	KM₂ 常闭触点断开
5	380 V	380 V	380 V	380 V	0	SQ 常闭触点断开
6	380 V	380 V	380 V	380 V	380 V	电路正常

（2）分段测量法（图 2.33）

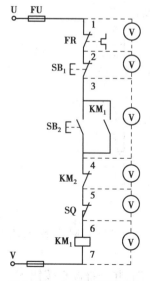

图 2.33　电压分段测量法

按下启动按钮并一直按着 SB_2；

点 1—2 电压值:0 V,正常；

点 2—3 电压值:0 V,正常；

点 3—4 电压值:0 V,正常；

点 4—5 电压值:0 V,正常；

点 5—6 电压值:0 V,正常；

点 6—7 电压值:380 V,正常；

若按下启动按钮 SB_2 后,接触器 KM_1 的主触点不吸合,说明该控制电路有断路故障。用万用表分段检查故障点。若 2-3 电压为 380 V,说明 2—3 有断路故障, SB_1 的常闭触点接错或导线接触不良,电压分段测量法判断电路故障见表 2.8。

表 2.8　电压分段测量法判断电路故障

序号	1—2	2—3	3—4	4—5	5—6	6—7	故障
1	380 V	0	0	0	0	0	FR 常闭触点断开
2	0	380 V	0	0	0	0	SB_1 常闭触点断开
3	0	0	380 V	0	0	0	SB_2 常开触点接触不好
4	0	0	0	380 V	0	0	KM_2 常闭触点断开
5	0	0	0	0	380 V	0	SQ 常闭触点断开
6	0	0	0	0	0	380 V	电路正常

2. 电阻测量法

（1）分阶测量法（图 2.34）

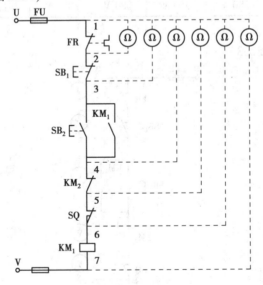

图 2.34　电阻分阶测量法

电阻测量法,要断开电源。

万用表打到欧姆挡的 R×10k 挡,并一直按着按钮 SB_2。

点 1-2 电阻值:0 Ω,正常；

点 1-3 电阻值:0 Ω,正常;

点 1-4 电阻值:0 Ω,正常;

点 1-5 电阻值:0 Ω,正常;

点 1-6 电阻值:0 Ω,正常;

点 1-7 电阻值:几十到几百 Ω,正常。

若某两点间电阻值为∞,说明该处断路故障。电阻分阶测量法判断电路故障见表 2.9。

表 2.9　电阻分阶测量法判断电路故障

序号	1-2	1-3	1-4	1-5	1-6	1-7	故障
1	∞						FR 常闭触点断开
2	0	∞					SB_1 常闭触点断开
3	0	0	∞				SB_2 常开触点接触不好
4	0	0	0	∞			KM_2 常闭触点断开
5	0	0	0	0	∞		SQ 常闭触点断开
6	0	0	0	0	0	∞	KM 线圈断开

(2)分段测量法(图 2.35)

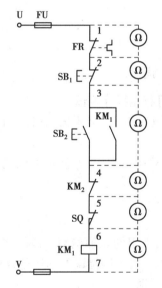

图 2.35　电阻分段测量法

电阻测量法,要断开电源。

万用表打到欧姆挡的 R×10k 挡,并一直按下按钮 SB_2。

点 1-2 电阻值:0 Ω,正常;

点 2-3 电阻值:0 Ω,正常;

点 3-4 电阻值:0 Ω,正常;

点 4-5 电阻值:0 Ω,正常;

点 5-6 电阻值:0 Ω,正常;

点 6-7 电阻值:几十到几百 Ω,正常。

若某两点间电阻值为∞,说明该处有断路故障。电阻分段测量法判断电路故障见表2.10。

表2.10 电阻分段测量法判断电路故障

序号	1-2	2-3	3-4	4-5	5-6	6-7	故障
1	∞						FR 常闭触点断开
2	0	∞					SB_1 常闭触点断开
3	0	0	∞				SB_2 常开触点接触不好
4	0	0	0	∞			KM_2 常闭触点断开
5	0	0	0	0	∞		SQ 常闭触点断开
6	0	0	0	0	0	∞	KM 线圈断开

2.9.5 控制电路的常见故障

①断路故障;
②短路故障;
③接地故障;
④连接故障。

2.9.6 检修后的通电调试

①断开电动机的电源连接,进行空操作调试。
②合闸电源开关,操作控制电路时,一定要根据机床的控制顺序要求,逐步操作启动和停止。
③空操作,各接触器、继电器动作正常后;方能接通电动机的电源线。根据控制要求,逐一调试相应的功能是否正常。

2.9.7 任务小结

本任务主要讲述电气故障时,常用的几种检测方法。注意:机床故障检查不能直接上电检查故障现象,否则机床的转动部件可能因错误的动作导致更加严重的损伤。一般应空载检查,在带电检查时,需做好个人安全防护。

技能训练

技能训练1 三相异步电动机自锁控制电路故障排查

一、主要工具

万用表、十字螺丝刀、平口螺丝刀、兆欧表、剥线钳、尖嘴钳、电工刀、验电笔、绝缘手套、绝缘鞋、已设置故障的自锁控制电路。

二、技能训练

1. 任务目的

①熟练电气故障常用方法和步骤。

②熟悉并回顾自锁控制电路的工作原理与电气元件。

③规范检修流程、规范检修步骤、确保人身安全。

2. 任务实施

设备在运行过程中,会发生各种故障,影响生产进度;要求大家学会分析电气控制故障,找出故障点并快速排除故障。

一般的工业机械大多由机械部分和电气部分构成,因此故障也多发生在这两个板块。这里,我们主要对电气故障进行检查和排除。电气故障,大多是电气元件参数设定不当,电气元件绝缘击穿,动作失灵或损坏引起的。

步骤:

①检查实训设备外观是否良好。

②询问故障现象并记录。

③闻。是否有异味。

④摸。是否有元件发热的情况。

⑤在无法确认故障点时,可去掉电动机电源线,防止运动部件突然运动,引起发生安全事故;空载启动,查看故障现象;分析故障原因并逐一检查、记录。

⑥故障记录与分析。

a. 故障现象描述:_____

_____。

故障检测:_____

_____

_____。

b. 故障现象描述:_____

_____

_____。

故障检测:_____

_____

_____。

c. 故障现象描述:_____

_____。

故障检测:_____

_____

_____。

三、注意事项

☆接线前,应检查各电气元件各触点是否良好,能否正常工作;各电气元件是否安装牢固。

☆接线时,严格按照工艺要求;导线连接可靠,长短合适且无裸露。

☆导线与导线通过端子排进行连接。

☆主电路配线,应根据线路电流的大小选择线径;横平竖直,90°转角,注意接线工艺。

☆控制线路,尽量走线槽;完成接线后,应将盖子盖上。

☆接线完成后,应认真检查接线;确认无误后,经指导老师确认后,才可通电试车。

☆通电中,如控制功能不正常,请立刻断开电源,记录故障现象,而后分析故障原因,进行针对性的排查。

☆实训结束后,将木工板进行恢复并检查木工板上的电气元件是否正常,如有异常及时维修或更换,为下一次实训做准备。

四、训练小结

请结合技能训练情况,总结练习心得。

技能训练2　三相异步电动机双重互锁正反转控制电路故障排查

一、主要工具

万用表、十字螺丝刀、平口螺丝刀、兆欧表、剥线钳、尖嘴钳、电工刀、验电笔、绝缘手套、绝缘鞋、已设置故障的双重互锁正反转控制电路。

二、技能训练

1. 任务目的

①熟练电气故障常用方法和步骤。

②熟悉并回顾双重互锁正反转控制电路的工作原理与电气元件。

③规范检修流程、规范检修步骤、确保人身安全。

2. 任务实施

设备在运行过程中,会发生各种故障,影响生产进度;要求大家学会分析电气控制故障,找出故障点并快速排除故障。

一般的工业机械大多由机械部分和电气部分构成,因此故障也多发生在这两个板块。这里,我们主要对电气故障进行检查和排除。电气故障,大多是电气元件参数设定不当,电气元件绝缘击穿,动作失灵或损坏引起的。

步骤:

①检查实训设备外观是否良好。

②询问故障现象并记录。

③闻。是否有异味。

④摸。是否有元件发热的情况。

⑤在无法确认故障点时,可去掉电动机电源线,防止运动部件突然运动,引起安全事故;空载启动,查看故障现象;分析故障原因并逐一检查、记录。

⑥故障记录与分析。

a.故障现象描述：_____
_____。

故障检测：_____
_____。

b.故障现象描述：_____
_____。

故障检测：_____
_____。

c.故障现象描述：_____
_____。

故障检测：_____
_____。

三、注意事项

☆接线前，应检查各电气元件各触点是否良好，能否正常工作；各电气元件是否安装牢固。

☆接线时，严格按照工艺要求；导线连接可靠，长短合适且无裸露。

☆导线与导线通过端子排进行连接。

☆主电路配线，应根据线路电流的大小选择线径；横平竖直，90°转角，注意接线工艺。

☆控制线路，尽量走线槽；完成接线后，应将盖子盖上。

☆接线完成后，应认真检查接线；确认无误后，经指导老师确认后，才可通电试车。

☆通电中，如控制功能不正常，请立刻断开电源，记录故障现象，而后分析故障原因，进行针对性的排查。

☆实训结束后，将木工板进行恢复并检查木工板上的电气元件是否正常，如有异常及时维修或更换，为下一次实训做准备。

四、训练小结

请结合技能训练情况，总结练习心得。

技能训练3　三相异步电动机星-三角形降压启动控制电路故障排查

一、主要工具

万用表、十字螺丝刀、平口螺丝刀、兆欧表、剥线钳、尖嘴钳、电工刀、验电笔、绝缘手套、绝缘鞋、已设置故障的星-三角形降压启动控制电路。

二、技能训练

1. 任务目的

①熟练电气故障常用方法和步骤。

②熟悉并回顾星-三角形降压启动控制电路的工作原理与电气元件。

③规范检修流程、规范检修步骤、确保人身安全。

2. 任务实施

设备在运行过程中,会发生各种故障,影响生产进度;要求大家学会分析电气控制故障,找出故障点并快速排除故障。

一般的工业机械大多由机械部分和电气部分构成,因此故障也多发生在这两个板块。这里,我们主要对电气故障进行检查和排除。电气故障,大多是电气元件参数设定不当,电气元件绝缘击穿,动作失灵或损坏引起的。

步骤:

①检查实训设备外观是否良好。

②询问故障现象并记录。

③闻。是否有异味。

④摸。是否有元件发热的情况。

⑤在无法确认故障点时,可去掉电动机电源线,防止运动部件突然运动,引起安全事故;空载启动,查看故障现象;分析故障原因并逐一检查记录。

⑥故障记录与分析。

a. 故障现象描述:_____

_____。

故障检测:_____

_____。

b. 故障现象描述:_____

_____。

故障检测:_____

_____。

c. 故障现象描述:_____

_____。

故障检测:_____

_____。

三、注意事项

☆接线前,应检查各电气元件各触点是否良好,能否正常工作;各电气元件是否安装牢固。

☆接线时,严格按照工艺要求;导线连接可靠,长短合适且无裸露。

☆导线与导线通过端子排进行连接。

☆主电路配线,应按根据线路电流的大小选择线径;横平竖直,90°转角,注意接线工艺。

☆控制线路,尽量走线槽;完成接线后,应将盖子盖上。

☆接线完成后,应认真检查接线;确认无误后,经指导老师确认后,才可通电试车。

☆通电中,如控制功能不正常,请立刻断开电源,记录故障现象,而后分析故障原因,进行针对性的排查。

☆实训结束后,将木工板进行恢复并检查木工板上的电气元件是否正常,如有异常及时维修或更换,为下一次实训做准备。

四、训练小结

请结合技能训练情况,总结练习心得。

技能训练4 双速电机手动控制电路故障排查

一、主要工具

万用表、十字螺丝刀、平口螺丝刀、兆欧表、剥线钳、尖嘴钳、电工刀、验电笔、绝缘手套、绝缘鞋、已设置故障的双速电机手动控制电路。

二、技能训练

1. 任务目的

①熟练电气故障常用方法和步骤。

②熟悉并回顾双速电机手动控制电路的工作原理与电气元件。

③规范检修流程、规范检修步骤、确保人身安全。

2. 任务实施

设备在运行过程中,会发生各种故障,影响生产进度;要求大家学会分析电气控制故障,找出故障点并快速排除故障。

一般的工业机械大多由机械部分和电气部分构成,因此故障也多发生在这两个板块。这里,我们主要对电气故障进行检查和排除。电气故障,大多是电气元件参数设定不当,电气元件绝缘击穿,动作失灵或损坏引起的。

步骤:

①检查实训设备外观是否良好。

②询问故障现象并记录。

③闻。是否有异味。

④摸。是否有元件发热的情况。

⑤在无法确认故障点时,可去掉电动机电源线,防止运动部件突然运动,引起安全事故;空载启动,查看故障现象;分析故障原因并逐一检查记录。

⑥故障记录与分析。

a. 故障现象描述：_____

_____。

故障检测：_____

_____。

b. 故障现象描述：_____

_____。

故障检测：_____

_____。

c. 故障现象描述：_____

_____。

故障检测：_____

_____。

三、注意事项

☆接线前，应检查各电气元件各触点是否良好，能否正常工作；各电气元件是否安装牢固。

☆接线时，严格按照工艺要求；导线连接可靠，长短合适且无裸露。

☆导线与导线通过端子排进行连接。

☆主电路配线，应按根据线路电流的大小选择线径；横平竖直，90°转角，注意接线工艺。

☆控制线路，尽量走线槽；完成接线后，应将盖子盖上。

☆接线完成后，应认真检查接线；确认无误后，经指导老师确认后，才可通电试车。

☆通电中，如控制功能不正常，请立刻断开电源，记录故障现象，而后分析故障原因，进行针对性的排查。

☆实训结束后，将木工板进行恢复并检查木工板上的电气元件是否正常，如有异常及时维修或更换，为下一次实训做准备。

四、训练小结

请结合技能训练情况，总结练习心得。

技能训练 5　CA6140 车床电气故障排查

一、主要工具

万用表、十字螺丝刀、平口螺丝刀、兆欧表、剥线钳、尖嘴钳、电工刀、验电笔、绝缘手套、绝缘鞋。

二、技能训练

1.任务目的

①熟练电气故障常用方法和步骤。

②熟悉并回顾 CA6140 型车床控制电路的工作原理与电气元件。

③规范检修流程、规范检修步骤、确保人身安全。

2.任务实施

设备在运行过程中,会发生各种故障,影响生产进度;要求大家学会分析电气控制故障,找出故障点并快速排除故障。

一般的工业机械大多由机械部分和电气部分构成,因此故障也多发生在这两个板块。这里,我们主要对电气故障进行检查和排除。电气故障,大多是电气元件参数设定不当,电气元件绝缘击穿,动作失灵或损坏引起的。

步骤:

①检查实训设备外观是否良好。

②询问故障现象并记录。

③闻。是否有异味。

④摸。是否有元件发热的情况。

⑤在无法确认故障点时,可去掉电动机电源线,防止运动部件突然运动,引起安全事故;空载启动,查看故障现象;分析故障原因并逐一检查记录。

⑥故障记录与分析。

a.故障现象描述:＿＿＿＿＿＿＿＿＿＿＿＿＿＿＿＿＿＿＿＿

＿＿＿＿＿＿＿＿＿＿＿＿＿＿＿＿＿＿＿＿＿＿＿＿＿＿＿＿＿＿。

故障检测:＿＿＿＿＿＿＿＿＿＿＿＿＿＿＿＿＿＿＿＿＿＿

＿＿＿＿＿＿＿＿＿＿＿＿＿＿＿＿＿＿＿＿＿＿＿＿＿＿＿＿。

b.故障现象描述:＿＿＿＿＿＿＿＿＿＿＿＿＿＿＿＿＿＿＿＿

＿＿＿＿＿＿＿＿＿＿＿＿＿＿＿＿＿＿＿＿＿＿＿＿＿＿＿＿＿＿。

故障检测:＿＿＿＿＿＿＿＿＿＿＿＿＿＿＿＿＿＿＿＿＿＿＿＿＿＿

＿＿＿＿＿＿＿＿＿＿＿＿＿＿＿＿＿＿＿＿＿＿＿＿＿＿＿＿＿＿。

c.故障现象描述:＿＿＿＿＿＿＿＿＿＿＿＿＿＿＿＿＿＿＿＿＿＿

故障检测:＿＿＿＿＿＿＿＿＿＿＿＿＿＿＿＿＿＿＿＿＿＿＿＿＿＿

＿＿＿＿＿＿＿＿＿＿＿＿＿＿＿＿＿＿＿＿＿＿＿＿＿＿＿＿＿＿。

三、注意事项

☆接线前,应检查各电气元件各触点是否良好,能否正常工作;各电气元件是否安装牢固。

☆接线时,严格按照工艺要求;导线连接可靠,长短合适且无裸露。

☆导线与导线通过端子排进行连接。

☆主电路配线,应根据线路电流的大小选择线径;横平竖直,90°转角,注意接线工艺。

☆控制线路,尽量走线槽;完成接线后,应将盖子盖上。

☆接线完成后,应认真检查接线;确认无误后,经指导老师确认后,才可通电试车。

☆通电中,如控制功能不正常,请立刻断开电源,记录故障现象,而后分析故障原因,进行针对性的排查。

☆实训结束后,将木工板进行恢复并检查木工板上的电气元件是否正常,如有异常及时维修或更换,为下一次实训做准备。

四、训练小结

请结合技能训练情况,总结练习心得。

职业功能 *3*

电子技术基础

本模块为电工(中级)国家职业技能标准中的职业功能3,主要涉及常用电子元件测试、常用电子电路安装与调试、典型电子电路测试、微型收音机的安装、焊接与调试和示波器及信号发生器的操作,共包括 5 个工作内容,13 个技能点。

> **工作内容**
> 3.1　常用电子元件测试
> 3.2　常用电子电路安装与调试
> 3.3　典型电子电路测试
> 3.4　微型收音机的安装、焊接与调试
> 3.5　函数信号发生器及双踪示波器的使用

电子技术和电子学是与电子有关的理论与技术是人们长期劳动的结晶。虽然现在人们已经掌握了大量的电子技术方面的知识,但电子技术还在不断地发展着。随着生产和科学技术发展的需要,电子技术的应用已经渗透到了人类生活和生产的各个方面。由于电子技术得到高度发展和广泛应用(如空间电子技术、生物医学电子技术、信息处理和遥感技术、微波应用等),它对于社会生产力的发展也起到了变革性的推动作用。所以对电子元器件以及电子电路的检测和评估是非常重要的。本任务主要就二极管、三极管、电阻、电容、电感的检测和晶闸管的简易测试开展技能训练。

任务 3.1　常用电子元件测试

相关知识

电子元器件是元件和器件的总称,电子元件是指在工厂生产加工时不改变分子成分的成品,如电阻器、电容器、电感器等,因为它本身不产生电子,它对电压、电流也无控制和变换作

用,所以又称无源器件。电子器件是指在工厂生产加工时改变了分子结构的成品,如晶体管、电子管、集成电路等,因为它本身能产生电子,对电压、电流有控制、变换作用(放大、开关、整流、检波、振荡和调制等),所以又称有源器件。

3.1.1 电阻器、电感器、电容器的检测

电子元件的测试(电阻、电容、电感)

1. 电阻器的检测

检测电阻器(图3.1)的好坏可使用万用表(图3.2)。具体方法如下:首先将挡位置于电阻挡,然后根据被测电阻器标称的大小选择量程,将两表笔(不分正负)分别接电阻器的两端引脚,表针应指在相应的阻值刻度上,如果表针不动和指示不稳定或指示值与电阻器上的标示值相差很大,则说明该电阻器已损坏。

注意:测量电阻时,不能带电测量;测量单个电阻时,不能在线测量。

图3.1　碳膜电阻　　　　图3.2　数字式万用表

2. 电感器的检测

检测电感器(图3.3)好坏可采用以下方法进行:

图3.3　滤波电感

(1)观察法

首先进行外观检查,看线圈有无松散,引脚有无折断、生锈现象。电感器的外部损坏主要有两种情况:一种是引脚断裂;另一种是贴片式电感器,有时还会出现龟裂和外封固层破裂现象,这些现象可以直观进行判断。

(2)万用表检测法

将万用表置于"R×1"挡,红、黑两表笔各接电感器的任一引出端,此时指针应向右摆动。根据测出的电阻值大小进行判别,若测得电阻值为零,则说明被测电感器内部存在短路性故障;若被测电感器直流电阻的大小与骨架、导体结构有直接关系,只要能测出电阻值,则基本上认为被测电感器是正常的。

对于有金属屏蔽罩的电感器线圈,还需检查它的线圈与屏蔽罩间是否短路;对于有磁芯的可调电感器,螺纹配合要好。

3. 电容器的检测

对于常见的电容器(图3.4)有以下3种检测方式。

(1)电解电容器的检测

最主要的是容量和漏电流的测量。如正、负极标志脱落,还应进行极性判别。用万用表

测量电解电容的漏电流时,可用万用表电阻挡测电阻的方法,量程可以用估测的方法选择。估测 1 000 pF 以上的皮法级电容的容量,大小用 R×10 kΩ 挡。1 000 pF 或稍大一点的电容,只要表针稍有摆动,即可认为容量够了。万用表的黑表笔接电容器的"＋"极,红表笔接电容器的"－"极,此时表针迅速向右摆动,然后慢慢退回,待指针不动时,其指示的电阻值越大表示电容器的漏电流越小;若指针根本不向右摆,说明电容器内部已断路或电解质已干涸而失去容量。

(2)对中、小容量电容器的测试

无正、负极之分,绝缘电阻很大,因此漏电流很小。若用万用表的电阻挡直接测量其绝缘电阻,则表针摆动范围极小不易观察,用此法主要是检查电容器的断路情况。

对于 0.01 μF 以上的电容器,必须根据容量的大小,分别选择万用表的合适量程,才能正确加以判断。

如测 300 μF 以上的电容器可选择"R×10k"或"R×1k"挡;

测 0.47~10 μF 的电容器可用"R×1k"挡;

测 0.01~0.47 μF 的电容器可用"R×10k"挡等。

具体方法是:用两表笔分别接触电容的两根引线(注意双手不能同时接触电容器的两极),若表针不动,将表针对调再测,仍不动说明电容器断路。

对于 0.01 μF 以下的电容器不能用万用表的欧姆挡判断其是否断路,只能用其他仪表(如 Q 表)进行鉴别。

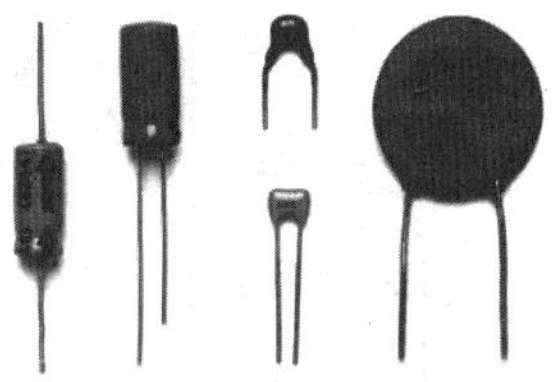

(3)对可变电容的测试

主要是测量是否发生碰片(短接)现象。选择万用表的电阻
(R×1)挡,将表笔分别接在可变电容器的动片和定片的连接片上。旋转电容器动片至某一位置时,若发现有直通(即表针指零)现象,说明可变电容器的动片和定片之间有碰片现象,应予以排除后再使用。

图 3.4　常见的电容器

3.1.2　半导体二极管的检测

1.半导体二极管的基本结构和类型

二极管的测试

PN 结两端各引出一个电极并加上管壳,就形成了半导体二极管。PN 结的 P 型半导体一端引出的电极称为阳极,PN 结的 N 型半导体一端引出的电极称为阴极。半导体二极管按结构不同可分为点接触型、面接触型和平面型,如图 3.5 所示。

点接触型半导体二极管由一根金属丝与半导体表面相接触,经过特殊工艺,在接触点上形成 PN 结,作出引线,加上管壳封装而成。点接触型二极管的 PN 结面积小,高频性能好,适用于高频检波电路、开关电路。

面接触型半导体二极管,它的 PN 结是用合金法工艺制作而成的。面接触型二极管的 PN 结面积大,可通过较大的电流,一般用于低频整流电路中。

平面型半导体二极管,它的 PN 结是用扩散法工艺制作的。平面型二极管常用硅平面开关管,其 PN 结面积较大时,适用于大功率整流;其 PN 结面积较小时,适用于脉冲数字电路中做开关管使用。

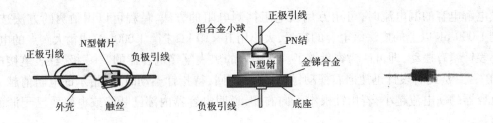

图 3.5　点接触型(左)面接触型(中)平面型二极管(右)

2.半导体二极管的伏安特性

二极管的核心是 PN 结,它的特性就是 PN 结的特性——单向导电性。常用伏安特性曲线来描述二极管的单向导电性。如图 3.6 所示,横坐标代表电压,纵坐标代表电流。

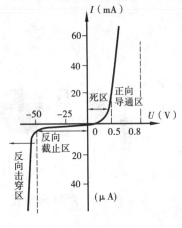

图 3.6　二极管的伏安特性曲线

（1）正向特性(外加正向电压)

正向特性即二极管正向偏置时的电压与电流的关系。二极管两端加正向电压较小时,正向电压产生的外电场不足以使多子形成扩散运动,这时的二极管实际上还没有很好地导通,通常称为"死区",二极管相当于一个极大的电阻,正向电流很小。

当正向电压超过一定值后,内电场被大大削弱,多子在外电场的作用下形成扩散运动,这时正向电流随正向电压的增大迅速增大,二极管导通。该电压称为门槛电压(也称阈值电压),用 V_{th} 表示。在室温下,硅管的 V_{th} 约为 0.5 V,锗管的 V_{th} 约为 0.1 V。

二极管一旦导通后,随着正向电压的微小增加,正向电流会有极大增加,此时二极管呈现的电阻很小,可认为二极管具有恒压特性。二极管的正向导通压降硅管为 0.6~0.8 V(通常取 0.7 V),锗管为 0.2~0.3 V(通常取 0.2 V)。

（2）反向特性(外加反向电压)

反向特性即二极管反向偏置时的电压与电流的关系。反向电压加强了内电场对多子扩散的阻碍,多子几乎不能形成电流,但是少子在电场的作用下漂移,形成很小的漂移电流,且与反向电压的大小基本无关。此时的反向电流称为反向饱和电流,二极管呈现很高的反向电阻,处于截止状态。

（3）反向击穿特性

反向电压增加到一定数值时,反向电流急剧增大,这种现象称为二极管的反向击穿。此时对应的电压称为反向击穿电压,用 V_{BR} 表示。实际应用中,应该对反向击穿后的电流加以限制,以免损坏二极管。

3.主要参数

开启电压 U_{on}:使二极管开始导通的临界电压称为开启电压 U_{on}。

反向电流:当二极管所加反向电压的数值足够大时,产生反向电流为 I_S。

最大整流电流 I_F:指二极管长期工作,允许通过的最大直流电流。

最高反向工作电压 U_R:指二极管正常使用允许加的最高反向电压。

4. 普通二极管的识别及检测

①目视法判断半导体二极管的极性：一般在实物的电路图中可以通过眼睛直接看出半导体二极管的正负极。在实物中如果看到一端有颜色标示的是负极，另外一端是正极。

②用万用表判断半导体二极管的极性：通常选用万用表的欧姆挡（R×100 或 R×1k），用万用表的两表笔分别接到二极管的两个极上，当二极管导通，测的阻值较小（一般几十 Ω 至几 kΩ 之间），这时黑表笔接的是二极管的正极，红表笔接的是二极管的负极。当测的阻值很大（一般为几百 Ω 至几 kΩ 之间），这时黑表笔接的是二极管的负极，红表笔接的是二极管的正极。

测试注意事项：用数字式万用表测二极管时，红表笔接二极管的正极，黑表笔接二极管的负极，测得的阻值才是二极管的正向导通阻值，这与指针式万用表的表笔接法刚好相反。

5. 稳压二极管的识别及检测

（1）正负极识别

从外形上看，金属封装稳压二极管管体的正极一端为平面形，负极一端为半圆面形。塑封稳压二极管管体上印有彩色标记的一端为负极，另一端为正极。对标志不清楚的稳压二极管，也可以用万用表判别其极性，测量的方法与普通二极管相同，即用万用表的欧姆挡的 R×1k 挡，将两表笔分别接稳压二极管的两个电极，测出一个结果后，再对调两表笔进行测量。在两次测量结果中，阻值较小那一次，则表明黑表笔接的是稳压二极管的正极，红表笔接的是稳压二极管的负极。这里指的是指针式万用表。

（2）色环稳压二极管识别

色环稳压二极管国内产品很少见，大多数来自国外，尤其以日本产品居多。一般色环稳压二极管都标有型号及参数，详细资料可在元件手册上查到。而色环稳压二极管体积小、功率小、稳压值大多在 10 V 以内，极易击穿损坏的特点。色环稳压二极管的外观与色环电阻十分相似，因而很容易弄错。色环稳压二极管上的色环代表两个含义：一是代表数字，二是代表小数点位数［通常色环稳压二极管都是取一位小数，用棕色表示。也可理解为倍率，即：×10（的 −1 次方），具体颜色对应的数字同色环电阻］。

由于小功率稳压二极管体积小，在管子上标注型号较困难，所以一些国外产品采用色环来表示它的标称稳定电压值。如同色环电阻一样，环的颜色有棕、红、橙、黄、绿、蓝、紫、灰、白、黑，它们分别用来表示数值 1、2、3、4、5、6、7、8、9、0。

有的稳压二极管上仅有 2 道色环，而有的却有 3 道。最靠近负极的为第 1 环，后面依次为第 2 环和第 3 环。仅有 2 道色环的标称稳定电压为两位数，即"××V"（几十几伏）。第 1 环表示电压十位上的数值，第 2 环表示个位上的数值。如：第 1、2 环颜色依次为红、黄，则为 24 V。

有 3 道色环，且第 2、3 两道色环颜色相同的。标称稳定电压为一位整数且带有一位小数，即"×.×V"（几点几伏）。第 1 环表示电压个位上的数值，第 2、3 两道色环（颜色相同）共同表示十分位（小数点后第一位）的数值。如：第 1、2、3 环颜色依次为灰、红、红，则为 8.2 V。

有 3 道色环，且第 2、3 两道色环颜色不同的。标称稳定电压为两位整数并带有一位小数，即"××.×V"（几十几点几伏）。第 1 环表示电压十位上的数值，第 2 环表示个位上的数值,第3环表示十分位(小数点后第一位)的数值。不过这种情况较少见,如:棕、黑、黄(10.4 V)和棕、黑、灰(10.8 V)常用稳压二极管的型号对照表(注:后面的二极管型号是以1开头的,如1N4728,1N4729 等)。

6. 光电二极管的检测

(1)电阻测量法

用万用表欧姆挡的 R×1k 挡。光电二极管正向电阻为 10 MΩ 左右。在无光照情况下,反向电阻为∞时,表明管子是好的(反向电阻不是∞时,说明漏电流大);有光照时,反向电阻随光照强度增加而减小,阻值可达到几 kΩ 或 1 kΩ 以下,则表示管子是好的;若反向电阻都是∞ 或为零,则说明管子是坏的。

(2)电压测量法

用万用表 1 V 挡。用红表笔接光电二极管"＋"极,黑表笔接"－"极,在光照下,其电压与光照强度成比例,一般可达 0.2 ~ 0.4 V。

(3)短路电流测量法

选用万用表 50 μA 挡,用红表笔接光电二极管"＋"极,黑表笔接"－"极,在白炽灯下(不能用日光灯),随着光照增强,其电流增加,则说明光电二极管是好的,短路电流可达数十至数百 μA。在实际工作中,有时需要区别是红外发光二极管,还是红外光电二极管(或者是光电三极管)。其方法是:若管子都是透明树脂封装,则可以从管芯安装外来区别。红外发光二极管管芯下有一个浅盘,而光电二极管和光电三极管则没有;若管子尺寸过小或黑色树脂封装的,则可用万用表(置1k 挡)来测量电阻。用手捏住光电二极管(不让其受光照),正向电阻为 20 ~ 40 kΩ,而反向电阻大于 200 kΩ 的是红外发光二极管;正反向电阻都接近∞的是光电三极管;正向电阻在 10 kΩ 左右,反向电阻接近∞的是光电二极管。

3.1.3 双极型三极管的检测

1. 双极型三极管的基本结构及工作原理

双极型三极管(图 3.7)分有 NPN 型和 PNP 型,虽然它们外形各异,品种繁多,但它们有共同特征,都有 3 个分区、2 个 PN 结和 3 个向外引出的电极。

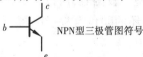
NPN型三极管图符号

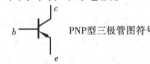
PNP型三极管图符号

极管的测试1

极管的测试1

图3.7 双极型三极管电路图形符号

三极管的电流放大作用实际上是利用基极电流的微小变化去控制集电极电流的巨大变化。三极管是一种电流放大器件,但在实际使用中常常通过电阻将三极管的电流放大作用转变为电压放大作用。故将电流放大原理归纳为3点:

(1)发射区向基区发射电子

电源 U_b 经过电阻 R_b 加在发射结上,发射结正偏,发射区的多数载流子(自由电子)不断地越过发射结进入基区,形成发射极电流 I_e。同时基区多数载流子也向发射区扩散,但由于多数载流子浓度远低于发射区载流子浓度,可以不考虑这个电流,因此可以认为发射结主要是电子流。

（2）基区中电子的扩散与复合

电子进入基区后，先在靠近发射结的附近密集，渐渐形成电子浓度差，在浓度差的作用下，促使电子流在基区中向集电结扩散，被集电结电场拉入集电区形成集电极电流 I_c。也有很小一部分电子（因为基区很薄）与基区的空穴复合，扩散的电子流与复合电子流之比例决定了三极管的放大能力。

（3）集电区收集电子

由于集电结外加反向电压很大，这个反向电压产生的电场力将阻止集电区电子向基区扩散，同时将扩散到集电结附近的电子拉入集电区从而形成集电极主电流 I_{cn}。另外集电区的少数载流子（空穴）也会产生漂移运动，流向基区形成反向饱和电流，用 I_{cbo} 来表示，其数值很小，但对温度却异常敏感。

2. 主要参数

（1）特征频率

当 $f = f_T$ 时，三极管完全失去电流放大功能。如果工作频率大于 f_T，电路将不正常工作。f_T 称作增益带宽积，即 $f_T = \beta f_o$。若已知当前三极管的工作频率 f_o 以及高频电流放大倍数，便可得出特征频率 f_T。随着工作频率的升高，放大倍数会下降。f_T 也可以定义为 $\beta = 1$ 时的频率。

（2）电压/电流

用这个参数可以指定该管的电压电流使用范围。

（3）hFE

电流放大倍数。

（4）V_{CEO}

集电极发射极反向击穿电压，表示临界饱和时的饱和电压。

（5）P_{CM}

最大允许耗散功率。

（6）封装形式

指定该管的外观形状，如果其他参数都正确，封装不同将导致组件无法在电路板上实现。

3. 检测方法

三极管的脚位判断，三极管的脚位有两种封装排列形式，如图 3.8 所示。

三极管是一种结型电阻器件，它的 3 个引脚都有明显的电阻数据，测试时（以数字式万用表为例，红笔 + ，黑笔 – ）我们将测试挡位切换至二极管挡（蜂鸣挡）标志符号如图 3.9 所示。

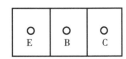 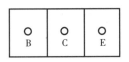 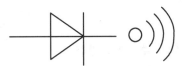

图 3.8　三极管脚位的两种封装排列形式　　图 3.9　数字式万用表上二极管挡标识（蜂鸣挡）

正常的 NPN 结构三极管的基极（B）对集电极（C）、发射极（E）的正向电阻是 430 ~ 680 Ω（根据型号的不同，放大倍数的差异，这个值有所不同）反向电阻无穷大；正常的 PNP 结构的三极管的基极（B）对集电极（C）、发射极（E）的反向电阻是 430 ~ 680 Ω，正向电阻无穷大。集电极(C)对发射极(E)在不加偏流的情况下,电阻为无穷大。基极对集电极的测试电阻约等于基极对发射极的测试电阻,通常情况下,基极对集电极的测试电阻要比基极对发射极的测试电阻小 5 ~ 100 Ω(大功率管比较明显),如果超出这个值,这个元件的性能已经变坏,请不要再使用。如果误使用于电路中可能会导致整个或部分电路的工作点变坏,这个元件也可能不久后就会损坏,大功率电路和高频电路对这种劣质元件反应比较明显。

尽管封装结构不同,但与同参数的其他型号的管子功能和性能是一样的,不同的封装结构只是应用于电路设计中特定的使用场合的需要。要注意有些厂家生产一些不规范元件,例如 C945 正常的脚位是 BCE,但有的厂家出的此款元件脚位排列却是 EBC,这会造成粗心的工作人员将新元件在未检测的情况下装入电路,导致电路不能工作,严重时烧毁相关联的元器件,如电视机上用的开关电源。

在我们常用的万用表中,测试三极管的脚位排列图 3.10 所示。

PNP结构-				NPN结构+			
E	B	C	E	E	B	C	E

图 3.10　数字式万用表上三极管的脚位排列

先假设三极管的某极为"基极",将黑表笔接在假设基极上,再将红表笔依次接到其余两个电极上,若两次测得的电阻都大(约几 kΩ 到几十 kΩ),或者都小(几百 Ω 至几 kΩ),对换表笔重复上述测量,若测得两个阻值相反(都很小或都很大),则可确定假设的基极是正确的。否则另假设一极为"基极",重复上述测试,以确定基极。当基极确定后,将黑表笔接基极,红表笔接其他两极若测得电阻值都很少,则该三极管为 NPN,反之为 PNP。

判断集电极 C 和发射极 E,以 NPN 为例:把黑表笔接至假设的集电极 C,红表笔接到假设的发射极 E,并用手捏住 B 和 C 极,读出表头所示 C,E 电阻值,然后将红、黑表笔反接重测。若第一次电阻比第二次小,说明原假设成立。

3.1.4　单向晶闸管的检测

1.单向晶闸管的结构

单向晶闸管(图 3.11)都有 3 个电极,即阳极 A、阴极 K 和控制极 G。螺栓式晶闸管的螺栓端为阳极,另一端引线较粗的为阴极,细的为控制极 G。

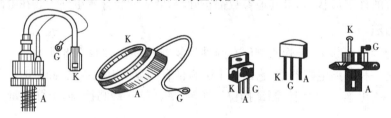

图 3.11　单向晶闸管

2.晶闸管的主要参数

(1)额定通态平均电流

额定通态平均电流 I_T 是指晶闸管导通时所允许通过的最大工频正弦半波电流的平均值。使用中电路的工作电流应小于晶闸管的额定通态平均电流 I_T。

(2)阻断峰值电压

阻断峰值电压包括正向阻断峰值电压 U_{DRM} 和反向峰值电压 U_{RRM}。

正向阻断峰值电压 U_{DRM} 是指晶闸管正向阻断时所允许重复施加的正向的峰值,反向峰值电压 U_{RRM} 是指允许重复加在晶闸管两端的反向电压的峰值。使用中电路施加在晶闸管上的电压必须小于 U_{DRM} 与 U_{RRM} 并留有一定余量,以免造成击穿损坏。

（3）触发电压和电流

控制极触发电压 U_G 和控制极触发电流 I_G,是指使晶闸管从阻断状态转变为导通状态时,所需要的最小控制极直流电压和直流电流。使用中应使实际触发电压和电流分别大于 U_G 和 I_G,以保证可靠触发。

（4）维持电流

维持电流 I_H 是指保持晶闸管导通所需要的最小正向电流。当通过晶闸管的电流小于 I_H 时,晶闸管将退出导通状态而关断。

3. 判别单向晶闸管的阳极、阴极和控制极

脱开电路板的单向晶闸管,阳极、阴极和控制极 3 个引脚一般没有特殊的标注,识别各个脚主要是通过检测各个引脚之间的正、负电阻值来进行的。晶闸管各个引脚之间的阻值都较大,当检测出现唯一一个小阻值时,表示此时黑表笔接的是控制极（G）,红表笔接的是阴极（K）,另外一个引脚就是阳极（A）。

4. 判别单向晶闸管的好坏

脱开电路板的单向晶闸管,阳极（A）、阴极（K）和控制极（G）明确标示;正常的单向闸管,阳极（A）、阴极（K）两个引脚之间的正、反向电阻,阳极（A）、控制极（G）两个引脚之间的正、反向电阻的阻值应该都很大,阴极（K）、控制极（G）两个引脚之间的正向电阻应该远小于反向电阻。并且阳极（A）、阴极（K）两个引脚之间的正向电阻越大,单向晶闸管阳极的正向阻断特性越好;反向电阻越大,单向晶闸管阳极的反向阻断特性越好。

技能训练

技能训练 1　电阻器、电感器、电容器的检测

一、设备及工具准备

①元件准备:电阻器、电感器、电容器若干。
②工量具准备:数字式万用表、指针式万用表。

二、操作方法

1. 测量方法

（1）电阻的测量

首先将数字式万用表的挡位置于电阻挡,然后根据被测电阻器标称的大小选择量程,从最大量程开始选择,将两表笔（不分正负）分别接电阻器的两端引脚,显示屏上将显示相应的阻值,如果数值不稳定或测量值与电阻器上的标示值相差很大,则说明该电阻器已损坏。

（2）电感的测量

首先用观察法进行外观检查，看线圈有无松散，引脚有无折断、生锈现象。电感器的外部损坏主要有两种情况：一种是引脚断裂；另一种是贴片式电感器，有时还会出现龟裂和外封固层破裂现象，这些现象可以直观进行判断。再用指针式万用表检测，将指针式万用表置于"R×1"挡，红、黑两表笔各接电感器的任一引出端，此时指针应向右摆动。根据测出的电阻值大小进行判别，若测得电阻值为零，则说明被测电感器内部存在短路性故障；若被测电感器直流电阻的大小与骨架、导体结构有直接关系，只要能测出电阻值，则基本上认为被测电感器是正常的。

（3）电容的测量

1）电解电容器的检测

电解电容为有极性电容，主要是测量容量和漏电流。如正、负极标志脱落，还应进行极性判别。用万用表测量电解电容的漏电流时，可用万用表电阻挡测电阻的方法，量程可以用估测的方法选择。估测 1 000 pF 以上的皮法级电容的容量，大小用 R×10k 挡。1 000 pF 或稍大一点的电容，只要表针稍有摆动，即可认为容量够了。万用表的黑表笔接电容器的" + "极，红表笔接电容器的" – "极，此时表针迅速向右摆动，然后慢慢退回，待指针不动时其指示的电阻值越大表示电容器的漏电流越小；若指针根本不向右摆，说明电容器内部已断路或电解质已干涸而失去容量。

2）对中、小容量电容器的测试

无正、负极之分，绝缘电阻很大，因此漏电流很小。若用万用表的电阻挡直接测量其绝缘电阻，则表针摆动范围极小，不易观察，用此法主要是检查电容器的断路情况。对于 0.01 μF 以上的电容器，必须根据容量的大小，分别选择万用表的合适量程，才能正确加以判断。如测 300 μF 以上的电容器可选择"R×10k"或"R×1k"挡；测 0.47 ~ 10 μF 的电容器可用"R×1k"挡；测 0.01 ~ 0.47 μF 的电容器可用"R×10k"挡等。具体方法是：用两表笔分别接触电容的两根引线（注意双手不能同时接触电容器的两极），若表针不动，将表针对调再测，仍不动则说明电容器断路。对于 0.01 μF 以下的电容器不能用万用表的欧姆挡判断其是否断路，只能用其他仪表（如 Q 表）进行鉴别。

3）对可变电容的测试

主要是测量是否发生碰片（短接）现象。选择万用表的电阻（R×1）挡，将表笔分别接在可变电容器的动片和定片的连接片上。旋转电容器动片至某一位置时，若发现有直通（即表针指零）现象，说明可变电容器的动片和定片之间有碰片现象，应予以排除后再使用。

2. **主要检测步骤**

①检查万用表的好坏，如使用指针式万用表，测量前需调零。

②观察各元件的外观，如损坏则更换。

③测量各元器件，如实记录测量数据。

3. **检测结果分析**

所测数值如在标称值允许误差范围内，则为正常。

三、注意事项

①测量电阻时，不能带电测量。

②测量单个电阻时,不能在线测量。

③对于有金属屏蔽罩的电感器线圈,还需检查它的线圈与屏蔽罩间是否短路;对于有磁芯的可调电感器,螺纹配合要好。

④用两表笔分别接触电容的两根引线时,双手不能同时接触电容器的两极。

⑤所读取数据均需如实记录,不可人为处理数据。

⑥数字式万用表的短接不可持续,点到即可。

四、技能训练记录

请结合检测过程记录相关检测结果及数据,并对检测结果进行分析判断。

序号	项目		理论值	测量值	是否正常
1	电阻	好坏判断			
		电阻值			
2	电容	好坏判断			
		电容值			
3	电感	好坏判断			
		电感值			

五、考核要点与评分标准

序号	评分项	得分条件	配分	评分要求	得分	测评结果
1	安全/态度	□1.能进行仪器仪表检查 □2.能进行工具清洁、校准、存放操作 □3.能进行三不落地操作	15	未完成1项扣5分,扣分不超过15分		□合格 □不合格
2	专业技术能力	□1.判别电阻、电感、电容的好坏 □2.准确测量电阻、电感、电容的数值	20	未完成1项扣10分,扣分不超过20分		□合格 □不合格
3	工具及设备使用能力	□1.正确使用万用表 □2.判别完毕,将万用表置正确挡位	20	未完成1项扣10分,扣分不超过20分		□合格 □不合格
4	资料、信息查询能力	□1.能正确填写元件相关信息 □2.能正确记录检测结果及数据	20	未完成1项扣10分,扣分不超过20分		□合格 □不合格

续表

序号	评分项	得分条件	配分	评分要求	得分	测评结果
5	数据判读和分析能力	□1. 能分析元件是否正常 □2. 能得出正确的测量结论	10	未完成1项扣5分,扣分不超过10分		□合格 □不合格
6	表单填写与报告的撰写能力	□1. 字迹清晰 □2. 语句通顺 □3. 无错别字 □4. 无涂改 □5. 无抄袭	15	未完成1项扣3分,扣分不超过15分		□合格 □不合格

技能训练2　半导体二极管的检测

一、设备及工具准备

①元件准备:普通二极管、发光二极管(LED)、光电二极管等若干。
②工量具准备:数字式万用表。

二、操作方法

1. 测量方法

(1)目视法判断半导体二极管的极性

一般在实物的电路图中可以通过眼睛直接看出半导体二极管的正负极。在实物中如果看到一端有颜色标示的是负极,另外一端是正极。

(2)用万用表判断半导体二极管的极性

通常选用万用表的欧姆挡(R×100 或 R×1k),用万用表的两表笔分别接到二极管的两个极上,当二极管导通,测的阻值较小(一般几十 Ω 至几 kΩ 之间),这时黑表笔接的是二极管的正极,红表笔接的是二极管的负极。当测的阻值很大(一般为几百 Ω 至几 kΩ 之间),这时黑表笔接的是二极管的负极,红表笔接的是二极管的正极。

(3)发光二极管(LED)的检测

将万用表的挡位选择二极管挡,观测时,长脚为正,红表笔接正极。用表测时,若表有读数,如图 3.12 所示,表示此时红表笔所测端为二极管的正极,同时发光二极管会发光。若表没有读数,如图 3.13 所示,显示"OL",则将表笔反过来再测一次;如果两次测量都没有示数,表示此发光二极管已经损坏。

(4)光电二极管的检测

1)电阻测量法

用万用表1k挡。光电二极管正向电阻为 10 MΩ 左右。在无光照情况下,反向电阻为∞时,表明管子是好的(反向电阻不是∞时,说明漏电流大);有光照时,反向电阻随光照强度增加而减小,阻值可达到几 kΩ 或 1 kΩ 以下,则表示管子是好的;若反向电阻都是∞ 或为零,则说明管子是坏的。

 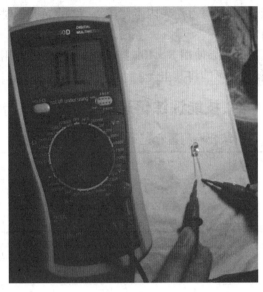

图 3.12　表有读数　　　　　　　　　　图 3.13　表无读数

2)电压测量法

用万用表 1 V 挡。用红表笔接光电二极管"＋"极,黑表笔接"－"极,在光照下,其电压与光照强度成比例,一般可达 0.2 ~0.4 V。

3)短路电流测量法

选用万用表 50 μA 挡,用红表笔接光电二极管"＋"极,黑表笔接"－"极,在白炽灯下(不能用日光灯),随着光照增强,其电流增加,则说明光电二极管是好的,短路电流可达数十至数百 μA。在实际工作中,有时需要区别是红外发光二极管,还是红外光电二极管(或者是光电三极管)。其方法是:若管子都是透明树脂封装,则可以从管芯安装外来区别。红外发光二极管管芯下有一个浅盘,而光电二极管和光电三极管则没有;若管子尺寸过小或黑色树脂封装的,则可用万用表(置1k 挡) 来测量电阻。用手捏住光电二极管(不让其受光照),正向电阻为 20 ~40 kΩ,而反向电阻大于 200 kΩ 的是红外发光二极管;正反向电阻都接近∞ 的是光电三极管;正向电阻在 10 kΩ 左右,反向电阻接近∞ 的是光电二极管。

2. 主要检测步骤

①检查万用表的好坏。

②观察各种二极管的外观,如损坏则更换。

③测量各种二极管,如实记录测量数据。

3. 检测结果分析

所测数值如在标称值允许误差范围内,则为正常。

三、注意事项

①用数字式万用表测二极管时,红表笔接二极管的正极,黑表笔接二极管的负极,此时测

得的阻值才是二极管的正向导通阻值,这与指针式万用表的表笔接法刚好相反。

②为了安全,用万用表的欧姆挡的 R×100 挡或 R×1k 挡测试。如果使用 R×1 等量程挡,由于这时万用表内阻比较小,测量二极管时,正向电流比较大,可能超过二极管允许电流而使其损坏。

③如果使用 R×10k 挡,这时万用表内部用的是十几伏以上的电池,测量二极管的反向电阻时,有可能将其击穿。

四、技能训练记录

请结合检测过程记录相关检测结果及数据,并对检测结果进行分析判断。

序号	项目		数值1	数值2	是否正常
1	普通二极管	好坏判断			
		正极、负极判断			
2	发光二极管	好坏判断			
		正极、负极判断			
3	光电二极管	好坏判断			
		正极、负极判断			

五、考核要点与评分标准

序号	评分项	得分条件	配分	评分要求	得分	测评结果
1	安全/态度	□1.能进行仪器仪表检查 □2.能进行工具清洁、校准、存放操作 □3.能进行三不落地操作	15	未完成1项扣5分,扣分不超过15分		□合格 □不合格
2	专业技术能力	□1.判别各种二极管的好坏 □2.准确测量各种二极管的数值	30	未完成1项扣15分,扣分不超过30分		□合格 □不合格
3	工具及设备使用能力	□1.正确使用万用表 □2.判别完毕,将万用表置正确挡位	20	未完成1项扣10分,扣分不超过20分		□合格 □不合格
4	资料、信息查询能力	□1.能正确填写元件相关信息 □2.能正确记录检测结果及数据	20	未完成1项扣10分,扣分不超过20分		□合格 □不合格
5	数据判读和分析能力	□1.能分析元件是否正常 □2.能得出正确的测量结论	10	未完成1项扣5分,扣分不超过10分		□合格 □不合格

续表

序号	评分项	得分条件	配分	评分要求	得分	测评结果
6	表单填写与报告的撰写能力	□1. 字迹清晰 □2. 语句通顺 □3. 无错别字 □4. 无涂改 □5. 无抄袭	5	未完成 1 项扣 1 分,扣分不超过 5 分		□合格 □不合格

技能训练 3　双极型三极管的检测

一、设备及工具准备

①元件准备:双极型三极管若干。
②工量具准备:数字式万用表。

二、操作方法

1. 测量方法

方法 1:把万用表打到 hFE 挡,把三极管插到 NPN 插座里,分别插 4 次,结果如图 3.14 所示。一般的三极管的 hFE 值都是在几十到 300 之间,如果特别小或特别大,表明管脚不对或三极管已坏,测试过程中不用管管脚怎么排列。

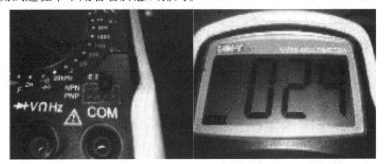

图 3.14　三极管测试结果

方法 2:把数字式万用表选择到二极管挡,假设是 NPN 型,先找基极 B。用红笔任意接一个引脚,用黑笔分别测量另外两个引脚,如果万用表两次都显示在 500~600(PN 结的压降),表明红笔接的是 B 极,而读数大的那一次黑笔接的是 E 极,另外一个脚自然就是 C 极了。注意,有时两次的读数差别不是很大,要细心观察。如果不是两次都显示在 500~600,那么红笔换一个脚,重复上面操作。

2. 主要检测步骤

①检查万用表的好坏。
②观察双极型三极管的外观,如损坏则更换。

③判别双极型三极管的基极引脚和类型。

④用 hFE 挡位测量判别双极型三极管的发射极和集电极,如实记录测量数据。

3.检测结果分析

所测数值如在标称值允许误差范围内,则为正常。

三、注意事项

①为了安全,用万用表的欧姆挡的 R×100 挡或 R×1k 挡测试。如果使用 R×1 等量程挡,由于这时万用表内阻比较小,测量三极管时,正向电流比较大,可能超过三极管允许电流而使其损坏。

②如果使用 R×10k 挡,这时万用表内部用的是十几伏以上的电池,测量三极管的反向电阻时,有可能将其击穿。

③测量时双手不要接触三极管引脚。

④插入数字式万用表三极管挡(hFE),直接测量三极管值或判断管型及引脚。

四、技能训练记录

请结合检测过程记录相关检测结果及数据,并对检测结果进行分析判断。

项目		好坏	类型	引脚编号	hFE 值
三极管	好坏判断			b:	
	类型判别			c:	
	引脚判别			e:	

五、考核要点与评分标准

序号	评分项	得分条件	配分	评分要求	得分	测评结果
1	安全/态度	□1.能进行仪器仪表检查 □2.能进行工具清洁、校准、存放操作 □3.能进行三不落地操作	15	未完成1项扣5分,扣分不超过15分		□合格 □不合格
2	专业技术能力	□1.判别双极型三极管的好坏及类型 □2.准确测量双极型三极管的数值 □3.准确判别双极型三极管的发射极引脚和集电极引脚	30	未完成1项扣15分,扣分不超过30分		□合格 □不合格
3	工具及设备使用能力	□1.正确使用万用表 □2.判别完毕,将万用表置正确挡位	20	未完成1项扣10分,扣分不超过20分		□合格 □不合格

序号	评分项	得分条件	配分	评分要求	得分	测评结果
4	资料、信息查询能力	□1. 能正确填写元件相关信息 □2. 能正确记录检测结果及数据	20	未完成 1 项扣 10 分,扣分不超过 20 分		□合格 □不合格
5	数据判读和分析能力	□1. 能分析元件是否正常 □2. 能得出正确的测量结论	10	未完成 1 项扣 5 分,扣分不超过 10 分		□合格 □不合格
6	表单填写与报告的撰写能力	□1. 字迹清晰 □2. 语句通顺 □3. 无错别字 □4. 无涂改 □5. 无抄袭	5	未完成 1 项扣 1 分,扣分不超过 5 分		□合格 □不合格

技能训练 4 单向晶闸管的检测

一、设备及工具准备

①元件准备:单向晶闸管若干。
②工量具准备:数字式万用表。

二、操作方法

1. 测量方法

(1)判别单向晶闸管的阳极、阴极和控制极

脱离电路板的单向晶闸管,阳极、阴极和控制极 3 个引脚一般没有特殊的标注,识别各个脚主要是通过检测各个引脚之间的正、负电阻值来进行的。晶闸管各个引脚之间的阻值都较大,当检测出现唯一一个小阻值时,表示此时黑表笔接的是控制极(G),红表笔接的是阴极(K),另外一个引脚就是阳极(A)。

(2)判别单向晶闸管的好坏

脱离电路板的单向晶闸管,阳极(A)、阴极(K)和控制极(G)明确标示;正常的单向闸管,阳极(A)、阴极(K)两个引脚之间的正、反向电阻,阳极(A)、控制极(G)两个引脚之间的正、反向电阻的阻值应该都很大,阴极(K)、控制极(G)两个引脚之间的正向电阻应该远小于反向电阻。并且阳极(A)、阴极(K)两个引脚之间的正向电阻越大,单向晶闸管阳极的正向阻断特性越好;反向电阻越大,单向晶闸管阳极的反向阻断特性越好。具体操作方法如下:用红表笔固定接触 A 不变,黑表笔接触 K,此时应显示溢出(关断状态)。接着将红表笔在保持与 A 接通的前提下去碰触 G,此时显示值一般在 0.8 V 以下(转为导通状态)。随即将红表笔脱离控

制极,导通状态将继续维持。如果反复多次测试都是如此,说明管子触发灵敏可靠。

2. 主要检测步骤

①检查万用表的好坏。

②观察单向晶闸管的外观,如损坏则更换。

③判别单向晶闸管的引脚和类型,如实记录测量数据。

3. 检测结果分析

所测数值如在标称值允许误差范围内,则为正常。

三、注意事项

①判别触发特性时,数字式万用表二极管挡所能提供的测试电流仅有 1 mA 左右,故只能用于考察小功率单向晶闸管的触发能力。

②以上方法只适用于维持电流较小的管子。

四、技能训练记录

请结合检测过程记录相关检测结果及数据,并对检测结果进行分析判断。

项目		A-K 间电阻值	G-K 间电阻值	A-G 间电阻值	触发能力检测
单向晶闸管	好坏				

晶闸管的简易测试电路,如下图所示:

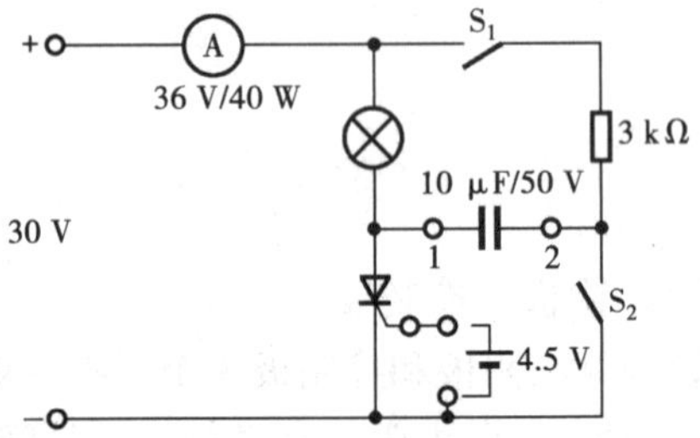

五、考核要点与评分标准

序号	评分项	得分条件	配分	评分要求	得分	测评结果
1	安全/态度	□1. 能进行仪器仪表检查 □2. 能进行工具清洁、校准、存放操作 □3. 能进行三不落地操作	15	未完成1项扣5分,扣分不超过15分		□合格 □不合格

续表

序号	评分项	得分条件	配分	评分要求	得分	测评结果
2	专业技术能力	□1. 判别单向晶闸管的好坏 □2. 准确测量单向晶闸管的数值 □3. 准确判别单向晶闸管的引脚	30	未完成 1 项扣 15 分, 扣分不超过 30 分		□合格 □不合格
3	工具及设备使用能力	□1. 正确使用万用表 □2. 判别完毕, 将万用表置正确挡位	20	未完成 1 项扣 10 分, 扣分不超过 20 分		□合格 □不合格
4	资料、信息查询能力	□1. 能正确填写元件相关信息 □2. 能正确记录检测结果及数据	20	未完成 1 项扣 10 分, 扣分不超过 20 分		□合格 □不合格
5	数据判读和分析能力	□1. 能分析元件是否正常 □2. 能得出正确的测量结论	10	未完成 1 项扣 5 分, 扣分不超过 10 分		□合格 □不合格
6	表单填写与报告的撰写能力	□1. 字迹清晰 □2. 语句通顺 □3. 无错别字 □4. 无涂改 □5. 无抄袭	5	未完成 1 项扣 1 分, 扣分不超过 5 分		□合格 □不合格

当今社会人们极大地享受着电子设备带来的便利,但任何电子设备都有一个共同的电路——电源电路。大到超级计算机,小到计算器,所有的电子设备都必须在电源电路的支持下才能正常工作。可以说电源电路是一切电子设备的基础,没有电源电路就不会有如此种类繁多的电子设备。由于电子技术的特性,电子设备对电源电路的要求就是能够提供持续稳定、满足负载要求的电能,而通常情况下都要求提供稳定的直流电能。提供这种稳定的直流电能的电源就是直流稳压电源,直流稳压电源在电源技术中占有十分重要的地位。另外,很多电子爱好者初学阶段首先遇到的就是要解决电源问题,否则电路无法工作、电子制作无法进行,学习就无从谈起。所以对常用电子电路的检测和评估很重要。本任务主要就直流稳压电源电路和晶闸管调光电路的安装及调试开展技能训练。

任务3.2　常用电子电路安装与调试

相关知识

直流稳压电源电路和晶闸管调光电路是两大常用电子电路。能为负载提供稳定直流电源的电子装置。直流稳压电源(直流稳压器)的供电电源大多是交流电源,当交流供电电源的电压或负载电阻变化时,稳压器的直流输出电压都能保持稳定。直流稳压电源随着电子设备向高精度、高稳定性和高可靠性的方向发展,对电子设备的供电电源也提出了高的要求。晶闸管的特点是可以用弱信号控制强信号,从控制的观点看,它的功率放大倍数很大,用几十至两百毫安电流、两至三伏的电压就可以控制几十安、千余伏的工作电流及电压,换句话说,它的功率放大倍数可以达到数十万倍以上。

3.2.1　直流稳压电源电路的连接与测试

1.组成

线性直流稳压电源由电源变压器、整流电路、滤波电路和稳压电路4部分组成以及各部分作用后的电压波形图,如图3.15所示。

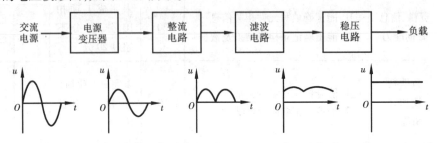

图3.15　线性直流稳压电源的组成及各部分作用后的电压波形图

2.各部分作用及工作过程

①电源变压器:将交流电的幅度变换为直流电源所需要的幅度。

②整流电路:利用具有单向导电性能的整流元件,将正负交替的正弦交流电压整流成为单方向的脉动电压。

③滤波电路:将整流后的单向脉动电压中的交流成分尽可能地滤掉,使输出电压成为比较平滑的直流电压,该电路由电容、电感等储能元件组成。

④稳压电路:采用负反馈技术,用来减小"电源电压波动、负载变化和温度变化"的影响,从而维持输出电压的稳定。

⑤整体工作过程是:首先由电源变压器将220 V的交流电压变换为所需要的交流电压值,然后利用整流元件(二极管、晶闸管)的单向导电性将交流电压整流为单向脉动的直流电压,最后通过电容或电感储能元件组成的滤波电路减小其脉动成分,从而得到比较平滑的直流电压。此时的直流电压易受电网波动(一般有10%左右的波动)及负载变化的影响,因而还需稳压电路,当电网电压波动、负载和温度变化时,继续维持输出直流电压的稳定。

3.连接电路及调试

电路原理:用发光二极管设计过载指示并带有短路保护的直流稳压电路,如图3.16所示。这个电路与一般串联反馈式稳压电源相比,有以下4个特点:

①用发光二极管 LED_2 当作过载指示和限流保护。

②由 VT_5 构成短路保护电路,且具有自动恢复功能。

③采用有源滤波电路,增强滤波效果,同时也减小了直流压降的损失和滤波电容的容量。

④由 VT_4 构成的可调模拟稳压管电路,电路的稳压特性好。可参照图3.17进行布线。

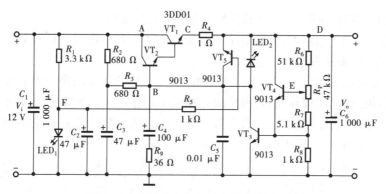

图 3.16　串联型直流稳压电源电路原理图

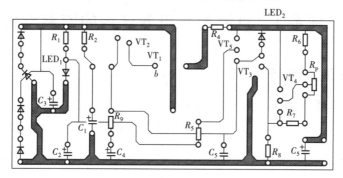

图 3.17　串联型直流稳压电源电路布线图

3.2.2　晶闸管调光电路的安装与调试

晶闸管是半导体型功率器件,对超过极限参数运用很敏感,实际运用时应该注意留有较大电压、电流余量,并应尽量解决好器件的散热问题。单结晶体管振荡电路能产生一系列脉冲信号,可用来触发晶闸管。

单向晶闸管调光电路分主电路和触发电路两大部分,如图 3.18 所示。

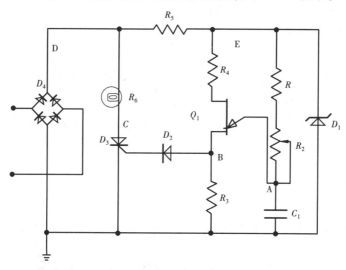

图 3.18　单向晶闸管调光电路原理图

主电路是桥式整流电路,触发电路是单结晶体管触发电路。

在单向晶闸管调光电路中,触发电路的电源是由整流和稳压削波后得到的电压,和主电路有相同的频率,因此实现了同步。

晶闸管的导通取决于它在承受正向阳极电压时,加到控制极的第一个触发脉冲的时刻。第一个触发脉冲已使晶闸管导通后,以后的脉冲就不起作用了。如果将 R_2 调小,电容 c 充电就加快,V_c 上升到 V_2 的时间就变短,出现第一个脉冲的时间就提前,α 角变小,θ 角变大,晶闸管输出电压的平均值 U_o 就增大;反之,R_P 调大,U_o 就减小。

技能训练

技能训练 1　直流稳压电源电路的连接与测试

一、设备及工具准备

①元件准备:串联型直流稳压电源电路套件。
②工量具准备:烙铁、烙铁架等焊接工具、数字式万用表。

二、操作方法

1. 连接方法
①按照图 3.17 进行元件布局及布线。
②焊接:焊接时注意安全,可适当练习焊接技术,关于焊接方法及技巧详见本章任务四。

2. 主要操作步骤
①检查万用表的好坏。
②观察各元件的外观,如损坏则更换。
③测量各元器件,如数值偏差较大则更换。
④元件布局、布线、焊接、调试。

3. 调试结果分析
输出电压 V_o 在 3～9 V 连续可调,则为正常。最大输出电流 I_{max} 为 0.3 A,并具有过载保护和指示功能;输出电压的纹波电压不超过 3 mV;当输出电流在 0～0.3 A 范围内变化,或输入电压($V_i = 12$ V)变化 ±10%,输出电压变化量的绝对值不超过 0.02 V;电路需具有短路保护及自动恢复功能。

三、注意事项

①认真校对焊接电路。
②在调试过程中,确保人身安全,切勿直接接触 220 V 交流电源,以及做出有可能使其短路的行为。
③对于靠得很近的相邻焊点,要注意有无金属毛刺短连,必要时可用万用表测量一下是否短路。

④如果发现元器件发热过快、冒烟、打火花等异常情况,应先切断电源,仔细检查并排除故障,然后才可以继续通电调试。

⑤所读取数据均需如实记录,不可人为处理数据。

⑥数字式万用表的短接不可持续,点到即可。

四、技能训练记录

请结合调试过程记录相关检测结果及数据,并对调试结果进行分析判断。

序号	项目		测量值	是否正常
1	空载($R_L = \infty$)时通电	输出电压 V_o 的调节范围		
2	改变 R_L 使 $I_o = 0.3$ A	测出相应的 V_o 值		
3	带负载($R_L = 30$ Ω、$V_o = 6$ V)测试	测试各个三极管和 LED 的工作状态		
		改变输入电压 V_i($1 \pm 10\%$),测试输出电压 V_o		
4	改变 R_L	反复观察 LED_2 有无明显的过载保护和过载指示		
5	输出端对地短路	测试 VT_5 管的工作状态并观察自动恢复过程		

五、考核要点与评分标准

序号	评分项	得分条件	配分	评分要求	得分	测评结果
1	安全/态度	□1. 能进行仪器仪表检查 □2. 能进行工具清洁、校准、存放操作 □3. 能进行三不落地操作	15	未完成 1 项扣 5 分,扣分不超过 15 分		□合格 □不合格
2	专业技术能力	□1. 判别各元器件的好坏 □2. 在 15 分钟内核对及用万用表检测元器件,对多余和缺少及不合格的元器件进行更换 □3. 按图装配,要求不损坏元器件,无虚焊,无漏焊,无搭锡,焊点光亮,元器件排列整齐并符合工艺要求	30	未完成 1 项扣 10 分,扣分不超过 30 分		□合格 □不合格

续表

序号	评分项	得分条件	配分	评分要求	得分	测评结果
3	工具及设备使用能力	□1. 正确使用万用表 □2. 判别完毕,将万用表置正确挡位 □3. 正确使用焊接工具	30	未完成1项扣10分,扣分不超过30分		□合格 □不合格
4	资料、信息查询能力	□1. 能正确填写元件相关信息 □2. 能正确记录检测结果及数据	10	未完成1项扣5分,扣分不超过10分		□合格 □不合格
5	数据判读和分析能力	□1. 能分析电路是否正常 □2. 能得出正确的测量结论	10	未完成1项扣5分,扣分不超过10分		□合格 □不合格
6	表单填写与报告的撰写能力	□1. 字迹清晰 □2. 语句通顺 □3. 无错别字 □4. 无涂改 □5. 无抄袭	5	未完成1项扣1分,扣分不超过5分		□合格 □不合格

技能训练2 单向晶闸管调光电路的连接与测试

一、设备及工具准备

①元件准备:单向晶闸管调光电路套件。
②工量具准备:烙铁、烙铁架等焊接工具、数字式万用表、双踪示波器。

二、操作方法

1. 连接方法
①按照图3.18进行元件布局及布线。
②焊接:焊接时注意安全,可适当练习焊接技术,关于焊接方法及技巧详见本章任务四。

2. 主要操作步骤
①检查万用表的好坏。
②观察各元件的外观,如损坏则更换。
③测量各元器件,如数值偏差较大则更换。
④元件布局、布线、焊接、调试。

3. 元件清单

单向晶闸管调光电路的连接与测试所需的各元件如表 3.1 所示。

表 3.1 单向晶闸管调光电路元件清单

序号	代号	名称	数量	型号及规格
1	R_1	电阻	1	10 kΩ
2	R_2	可调电阻	1	100 kΩ
3	R_3	电阻	1	100 Ω
4	R_4	电阻	1	330 Ω
5	R_5	电阻	1	2 kΩ
6	R_6	灯泡	1	24 V
7	C_1	电容	1	0.1 μF
8	D_1	稳压二极管	1	4~15 V
9	D_2	二极管	1	1N4148
10	D_4-D_7	二极管	4	IN4007
11	D_3	单向晶闸管	1	MCR100-6
12	Q_1	单结晶体管	1	BT33
13		电路板	1	
14		香蕉插头	2	
15		导线等	若干	

4. 检测要求

①清点元器件,并检查元器件型号和参数与清单是否相同。
②判断电容、电阻的好坏。
③判断单结晶体管、晶闸管的好坏。
④判别单结晶体管、晶闸管的管脚。

5. 调试结果分析

单向晶闸管调光电路作品如图 3.19 所示。

(1)基本性能检查

短路检测:电路安装结束后,先目查电路安装是否正确,然后用万用表 R×1k 挡测量输入端的电阻,如在 50 kΩ 以上,则说明正常;如接近于零,则说明有短路故障,则需排除。

通电检测:在检查电路连接正确且无短路故障后,接通交流 24 V 电源,调节 R_2,观察灯泡

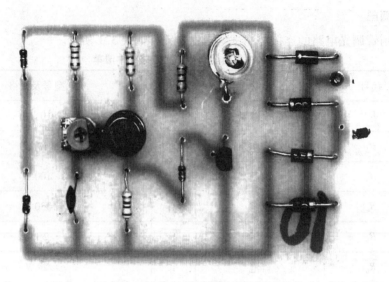

图3.19　单向晶闸管调光电路

R_6 的亮度,如 R_6 的亮度可调,则说明电路基本正常。

（2）电路中各电压波形的检测

用示波器依次观察 A、B、C、D、E 点的电位和 C、D 之间的电压波形。调节 R_2,观察 A、B、C 三点电位波形的变化,并做好记录。

6.电路故障分析

单向晶闸管调光电路的结构较简单,且各点电位很容易通过理论分析得出,所以在检查故障时可以用电位检测法。首先测 D 点电位,正常为交流输入电压的 0.9 倍左右,若低于该值,则说明整流部分出现故障;然后再测 E 点电位,正常情况略低于稳压管的稳压值,若偏高则可能是稳压管电路部分断路故障,或 R_5 部分的故障;最后测 A 点电位,就能观察到指针抖动,则说明触发电路部分正常。

三、注意事项

①认真校对焊接电路。

②在调试过程中,确保人身安全切勿直接接触 220 V 交流电源,以及做出有可能使其短路的行为。

③对于靠得很近的相邻焊点,要注意有无金属毛刺短连,必要时可用万用表测量一下是否短路。

④如果发现元器件发热过快、冒烟、打火花等异常情况,应先切断电源,仔细检查并排除故障,然后才可以继续通电调试。

⑤所读取数据均需如实记录,不可人为处理数据。

⑥数字式万用表的短接不可持续,点到即可。

四、技能训练记录

请结合调试过程记录相关检测结果及数据,并对调试结果进行分析判断。

序号	项目	测量值	好坏	是否正常
1	判断电阻的好坏			
2	判断电容的好坏			
3	判断单结晶体管的好坏			
4	判断晶闸管的好坏			
5	判别单结晶体管的管脚			
6	判别晶闸管的管脚			

五、考核要点与评分标准

序号	评分项	得分条件	配分	评分要求	得分	测评结果
1	安全/态度	□1. 能进行仪器仪表检查 □2. 能进行工具清洁、校准、存放操作 □3. 能进行三不落地操作	15	未完成1项扣5分,扣分不超过15分		□合格 □不合格
2	专业技能能力	□1. 判别各元器件的好坏 □2. 在15分钟内核对及用万用表检测元器件,对多余和缺少及不合格的元器件进行更换 □3. 按图装配,要求不损坏元器件,无虚焊,无漏焊,无搭锡,焊点光亮,元器件排列整齐并符合工艺要求 □4. 经检查后加24 V交流电源,调节灯泡亮度。若有故障应排除	40	未完成1项扣10分,扣分不超过40分		□合格 □不合格
3	工具及设备使用能力	□1. 正确使用万用表 □2. 判别完毕,将万用表置正确挡位 □3. 正确使用焊接工具	15	未完成1项扣5分,扣分不超过15分		□合格 □不合格
4	资料、信息查询能力	□1. 能正确填写元件相关信息 □2. 能正确记录检测结果及数据	10	未完成1项扣5分,扣分不超过10分		□合格 □不合格
5	数据判读和分析能力	□1. 能分析电路是否正常 □2. 能得出正确的测量结论 □3. 用示波器观察相关点的波形并记录	15	未完成1项扣5分,扣分不超过15分		□合格 □不合格

续表

序号	评分项	得分条件	配分	评分要求	得分	测评结果
6	表单填写与报告的撰写能力	□1. 字迹清晰 □2. 语句通顺 □3. 无错别字 □4. 无涂改 □5. 无抄袭	5	未完成1项扣1分,扣分不超过5分		□合格 □不合格

　　放大电路是电子技术中应用非常广泛的一种单元电路。例如,常见的语音放大电路是放大电路的典型应用之一。声音是最常见的一种信号,在信息传输过程中是一种重要的信息载体。然而,平时常见的语音信号有其独特的特点,幅值和频率都被限定在一定范围内,为了保证语音信号可以被有效地识别和使用,需要对语音信号进行放大,使其达到一定的幅度,可以被识别和处理。随着半导体器件的发展,放大电路也从初始的甲类功率放大器发展到如今的专用芯片放大器。

任务 3.3　典型电子电路测试

相关知识

3.3.1　共发射极放大电路性能测试

1. 组成及工作原理

　　共发射极放大电路是电子技术中应用最为广泛的放大电路形式,其电路组成的一般形式为:

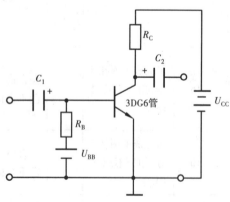

图 3.20　双电源组成的共发射极基本放大电路

　　如图 3.20 所示,放大电路的核心元件是三极管(3DG6 管),C_1、C_2 是耦合电容,R_B 是基极电阻,U_{CC} 是集电极电源,R_C 是集电极电阻,U_{BB} 是基极电源。

　　根据图 3.21,放大电路内部各电压、电流都是交直流共存的。其直流分量及其注脚均采用大写英文字母;交流分量及其注脚均采用小写英文字母;叠加后的总量用英文小写字母,但其注脚采用大写英文字母。例如:基极电流的直流分量用 I_B 表示;交流分量用 i_b 表示;总量用 i_B 表示。

　　需放大的信号电压 u_i 通过 C_1 转换为放大电路的输入电流,与基极偏流叠加后加到晶体管的基极,基极电流 i_B 的变化通过晶体管的以小控大作用引起集电极电流 i_C 变化;i_C 通过 R_C 使电流的变化转换为电压的变化,即:$u_{CE} = U_{CC} - i_C R_C$。

由上式可看出:当 i_C 增大时,u_{CE} 就减小,所以 u_{CE} 的变化正好与 i_C 相反,这就是它们反相的原因。u_{CE} 经过 C_2 滤掉了直流成分,耦合到输出端的交流成分即为输出电压 u_0。若电路参数选取适当,u_0 的幅度将比 u_i 幅度大很多,亦即输入的微弱小信号 u_i 被放大了,这就是放大电路的工作原理。

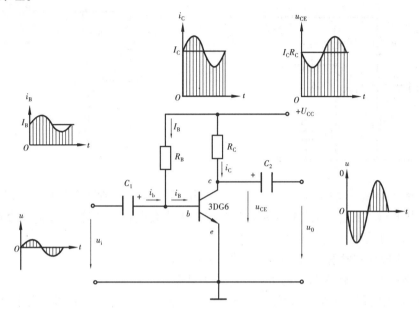

图 3.21　共发射放大电路的工作原理

2. 基本放大电路的分析方法

以分压式偏置的共发射极放大电路为例。输入信号 $u_i = 0$、只在直流电源 U_{CC} 作用下电路的状态称"静态"。静态分析就是要求出此时的 I_B、I_C 和 U_{CE} 三数值。

(1)分压式偏置的共发射极放大电路的静态分析

分压式偏置的共发射极放大电路如图 3.22 所示,增加了一个偏置电阻,共有两个偏置电阻 R_{B1}、R_{B2}。由于设置了反馈环节 R_E,因此当温度升高而造成 I_C 增大时,可自动减小 I_B,从而抑制了静态工作点由于温度而发生的变化,保持 Q 点稳定。

此电路就是能够抑制温度影响而引起静态工作点变化的分压式偏置的共发射极电压放大电路。

分压式偏置共射放大电路的静态分析如下:

静态分析时,此电路需满足 $I_1 \approx I_2 \gg I_B$ 的小信号条件。电容当作开路处理。处理后的电路称为分压式偏置共射放大电路的直流通道,如图 3.23 所示。

偏置电阻 R_{B1} 和 R_{B2} 应选择适当数值,使之符合:$I_1 \approx I_2 \gg I_B$ 的条件。在小信号条件下,I_B 可近似视为 0 值。

忽略 I_B 时,R_{B1} 和 R_{B2} 可以对 U_{CC} 进行分压。即:

$$V_B = U_{CC} \frac{R_{B2}}{R_{B1} + R_{B2}} \qquad 式(3.1)$$

V_B 的大小显然与温度无关。

$$U_{CEQ} = U_{CC} - I_{CQ}(R_C + R_E) \qquad 式(3.2)$$

$$I_{BQ} = \frac{I_{CQ}}{\beta}$$ 式(3.3)

$$I_{CQ} \approx I_{EQ} = \frac{V_B - U_{BE}}{R_E}$$ 式(3.4)

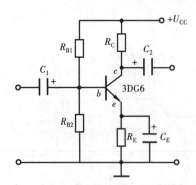 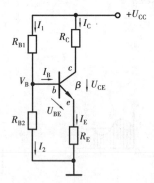

图 3.22　分压式偏置共发射极基本放大电路　　图 3.23　分压式偏置共射放大电路的直流通道

　　上述分析步骤,就是分压式偏置的共发射极电压放大电路的估算法。显然,基极电位 V_B 的高低对静态工作点的影响非常大。

　　(2)分压式偏置共发射极放大电路的动态分析方法

　　放大电路加入交流输入信号的工作状态称为动态。

　　动态时,放大电路输入的是交流微弱小信号;电路内部各电压、电流都是交直流共存的叠加量;放大电路输出的则是被放大的输入信号。

　　求解放大电路的动态输入电阻 r_0、输出电阻 r_i 及电压放大倍数 A_u 等参量的过程称为动态分析。

　　由于发射极为输入、输出回路的公共支路,因而称之为共发射极组态的放大电路。

　　在图 3.22 中,动态下,电源 U_{CC} 为 0 时可视为"地",电容相当于"交流短路",R_{B1} 相当于接于基极与"地"之间,R_C 相当于接于集电极与"地"之间。处理之后得到了如图 3.24 所示的分压式偏置共发射极放大电路的交流通道。

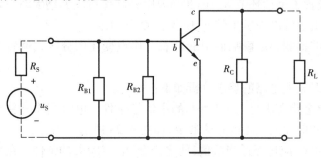

图 3.24　分压式偏置共发射极放大电路的交流通道

　　可用微变等效电路法分析。即在满足小信号条件下,将晶体管线性化,把放大电路等效为一个近似的线性电路,然后应用线性电路的求解方法求出 r_i、r_0、A_u 的方法。

　　一般情况下,由高、低频小功率管构成的放大电路都符合小信号条件。因此其输入、输出特性在小范围内均可视为线性。

晶体管的微变等效电路如图3.25所示。其中r_{be}是晶体管输入端的等效电阻,受控电流源相当晶体管的集电极电流。显然微变等效电路反映了晶体管电流的以小控大作用。

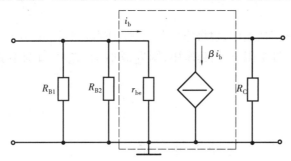

图3.25　晶体管的微变等效电路

图3.26中,晶体管交流输入等效电阻r_{be}的计算方法如下:

$$r_{be} = 300\ \Omega + (1 + \beta)\frac{26\ mV}{I_E\ mA} \qquad 式(3.5)$$

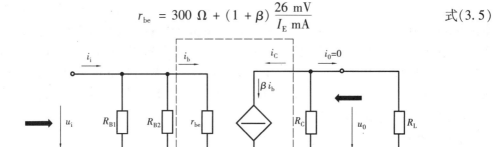

图3.26　微变等效电路中电流方向

动态分析步骤如下:

➤电路交流等效输入电阻:

$$r_i = u_i/i_i = r_{be}//R_{B1}//R_{B2} \qquad 式(3.6)$$

由于小信号电路有R_{B1}和$R_{B2} \gg r_{be}$,所以$r_i \approx r_{be}$。

➤电路中电压放大倍数:

$$A_u = \frac{u_0}{u_i} = \frac{-\beta i_b R_C}{i_i r_i} = \frac{-\beta i_b R_C}{i_b r_{be}} = -\beta\frac{R_C}{r_{be}} \qquad 式(3.7)$$

式中负号反映了输出电压与输入电压的反相关系。

若电路接入负载,此时电路放大倍数:

$$A'_u = -\beta\frac{i_b R_C /\!/ R_L}{i_b r_{be}} = -\beta\frac{R_C /\!/ R_L}{r_{be}} = -\beta\frac{R'_C}{r_{be}} \qquad 式(3.8)$$

显然,放大电路带上负载后,其电压放大倍数将降低。负载越大,R'_C等效电阻越小,放大倍数下降越多。

➤交流等效输出电阻:

$$r_o = R_C \qquad 式(3.9)$$

共发射极放大电路的主要任务是对输入的小信号进行电压放大,因此电压放大倍数A_u

是衡量放大电压性能的主要指标之一。

共射放大电路的电压放大倍数随负载增大而下降很多,说明这种放大电路的带负载能力不强。

电容 C_E 的作用:交流通路中,射极电容将反馈电阻短路,则 A_u 不受影响。如果把射极电容 C_E 去掉,交流通道反馈电阻 R_E 仍起作用,则 I_E 减小,r_{be} 增大,负载不变情况下,电压放大倍数 A_u 降低,因为:

$$A_u \approx -\beta \frac{R_C}{r_{be}} \qquad\qquad 式(3.10)$$

3.3.2　μA741 放大电路性能测试

在半导体制造工艺的基础上,把整个电路中的元器件制作在一块硅基片上,构成特定功能的电子电路,称为集成电路(英文简称 IC)。集成电路的体积很小,但性能很好。自 1959 年世界上第一块集成电路问世至今,只不过才经历了六十来年时间,但它深入到工农业、日常生活及科技领域相当多的产品中。如在导弹、卫星、战车、舰船、飞机等军事装备中;在数控机床、仪器仪表等工业设备中;在通信技术和计算机中;在音响、电视、录像、洗衣机、电冰箱、空调等家用电器中也采用了集成电路。集成电路的技术发展直接促进整机的小型化、高性能化、多功能化和高可靠性。集成电路也被称为是工业的"食粮"和"原油"。

1.μA741 集成运放的组成

μA741 集成运放图形符号如图 3.27 所示。

μA741 集成运放外部接线图如图 3.28 所示。

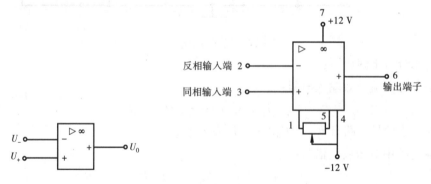

图 3.27　μA741 集成运放图形符号　　　图 3.28　μA741 集成运放外部接线图

2.μA741 集成运放的测试方法

集成运放的应用分为线性应用和非线性应用两大类。线性应用包括反相比例运算电路(反相器)、同相比例运算电路、反相加法运算电路、差分减法(双端输入)运算电路、基本微分运算电路和基本积分运算电路;非线性应用主要有单门限电压比较器和滞回比较器。

（1）组成及电路连接

μA741 集成运放的 8 个管脚排列图如图 3.29 所示。

各引脚含义如下:

1——调零端;

2——反相输入端;

3——同相输入端；

4——负电源端；

5——调零端；

6——输出端；

7——正电源端；

8——空脚。

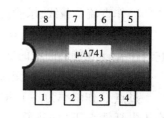

图 3.29　μA741 的管脚排列图

（2）主要指标

1）开环电压放大倍数 A_{uo}

在无外加反馈条件下,数值很高,一般为 $10^4 \sim 10^7$。该值反映了输出电压 U_o 与输入电压 U_+ 和 U_- 之间的关系。

2）差模输入电阻 r_i

运放的差动输入电阻很高,一般在几十 kΩ 至几十 MΩ。

3）闭环输出电阻 r_o

由于运放总是工作在深度负反馈条件下,因此其闭环输出电阻很低,在几十 Ω 至几百 Ω 之间。

4）最大共模输入电压 U_{icmax}

指运放两个输入端能承受的最大共模信号电压。超出这个电压时,运放的输入级将不能正常工作或共模抑制比下降,甚至造成器件损坏。

（3）测试方法

对于运算放大器的测试重点是检测其主要指标。

根据实验电路图连接好电路,分别测量输入失调电压 U_{OS},测量输入失调电流 I_{OS},测量开环差模电压放大倍数 A_{uo} 和共模抑制比 K_{CMR}。

3.3.3　互补对称功率放大电路的连接与测试

利用两只特性相同的晶体管,使它们都工作在乙类状态,其中一只晶体管在正半周工作,另一只在负半周工作,然后设法将两只管的输出波形在负载上组合到一起,得到一个完整的输出波形,这种放大器就叫作推挽功率放大器。

1. 推挽电路工作原理

从能量控制的观点看,功放电路和电压放大电路没有本质区别,但后者的要求是使负载得到不失真的电压信号,而前者的要求是获得一定的不失真的输出功率。在放大电路中,输入信号在整个周期内都有电流流过,称为甲类放大;如果只有大半个周期有电流流过,称为甲乙类放大;如果只有半个周期电流流过,称为乙类放大。

2. 主要参数

（1）输出功率和效率

由于两管特性相同,工作在互补状态,因此图解分析时,常将两管输出特性曲线相互倒置,如图 3.30 所示。

1)作直流负载线,求静态工作点。

静态时,管子截止 $I_{BQ} = 0$,当 I_{CEO} 很小时,$I_{CQ} \approx 0$。过点 V_G 作 v_{CE} 轴垂线,得直流负载线。它与作 $I_{BQ} = 0$ 特性曲线的交点 Q,即为静态工作点。

2)作交流负载线,画交流电压和电流幅值。

过点 Q 作斜率为 $-1/R'_L$ 的直线 AB,即交流负载线。其中 R'_L 为单管等效交流负载电阻。在不失真情况下,功率管 V_1、V_2 最大交流电流 i_{C1}、i_{C2} 和交流电压 v_{CE1}、v_{CE2} 波形如图 3.30 所示。

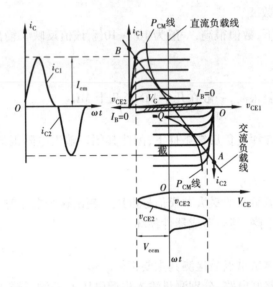

图 3.30　乙类推挽功放电路的图解分析

(2)电路最大输出功率

若忽略管子 V_{CES},交流电压和交流电流幅值分别为:

$$V_{cem} = V'_G ; I_{cm} = \frac{V_G}{R'_L} \qquad \text{式(3.11)}$$

则最大输出功率,即:

$$P_{om} = \frac{1}{2}\left(\frac{V_G}{R'_L}\right)V_G = \frac{V_G^2}{2R'_L} \qquad \text{式(3.12)}$$

在输出变压器的初级匝数为 N_1,次级匝数为 N_2 时,R'_L 应为

$$R'_L = \left[\frac{\frac{1}{2}N_1}{N_2}\right]^2 R_L = \frac{1}{4}n^2 R_L \qquad \text{式(3.13)}$$

式中 $n = N_1/N_2$。

(3)效率

理想最大效率为 $\eta_m = 78\%$。若考虑输出变压器的效率 η_T,则乙类推挽功放的总效率为:

$$\eta' = \eta_T \eta_m \qquad \text{式(3.14)}$$

总效率约为 60%,比单管甲类功放的效率高。

技能训练

技能训练 1　共发射极放大电路性能测试

一、设备及工具准备

①元件准备:XST-7 型电子技术综合实验装置

②工量具准备:数字式万用表、4320 双踪示波器

二、操作方法

1. 连接方法

按照图 3.31 进行电路的连接。

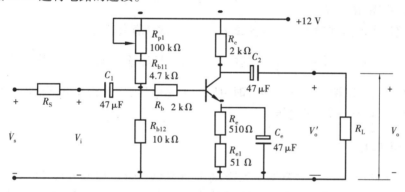

图 3.31　实验电路

2. 主要操作步骤

①检查万用表的好坏。

②观察实验装置的外观,如损坏则更换。

③设置静态工作点。

将输入端交流短路,接通 $V_{CC} = +12$ V 直流电源,调整上偏置电阻 R_B(即调整电位器 R_{P1},$R_B = R_{p1} + R_{b11}$)的值,使 $I_C = 2$ mA,测出 V_{BE} 和 V_{CE},并分别用万用表测出 I_B、I_C 的值,把所测得的数据填入表 3.2 中。

④测量电压放大倍数 A_v。

在确定放大电路静态工作点后,保持 R_B 不变,由实验装置上的函数信号源输出一个 $f = 1$ kHz, $V_i = 20$ mV 的正弦波信号(用实验装置上的交直流毫伏毫安表内显测出 V_i 值),输入到放大电路的输入(V_i)端,用示波器观察输出电压的波形,在输出波形不失真的情况下,用实验装置上的交直流毫伏毫安表外显功能,测出放大电路输出交流电压(V_o)的值,把测量数据填入表 3.3 中,根据公式计算出电压放大倍数 $A_{v1} = \dfrac{V_{o1}}{V_i}$(此时,$R_L = \infty$)。如果输出波形出现失真,调整 R_{p1},使输出波形不失真,然后再测 V_{o1};保持 V_i 不变,接入负载电阻 $R_L = 2$ k,再测输出

电压 V_{o2} 的值,把测量数据填入表3.3中,根据公式计算出电压放大倍数 $A_{v2} = \dfrac{V_{o2}}{V_i}$。

⑤测量放大电路的输入电阻 R_i 和输出电阻 R_o。

由定量分析公式 $R_i = \dfrac{V_i}{V_T - V_i} R_S$ 和 $R_o = \left(\dfrac{V'_o}{V_o} - 1\right) R_L$,按照表3.4的要求进行测量。

3. 测试结果分析

静态工作点:$V_{CEQ} = V_{CC} - I_{CQ} R_c$

动态参数:

电压放大倍数:$A_{v1} = \dfrac{V_o}{V_i} = -\dfrac{\beta R'_L}{r_{be}}$

其中:$r_{be} = 300 + (1 + \beta)\dfrac{26(\text{mV})}{I_E(\text{mA})}$

输入电阻:$R_i = R_{b1} // R_{b2} // r_{be}$

输出电阻:$R_o \approx R_c$

放电大路输入电阻和输出电阻的测试方法,其测试计算公式如下:

$R_i = \dfrac{V_i}{V_T - V_i} R_S$ 和 $R_o = \left(\dfrac{V'_o}{V_o} - 1\right) R_L$,其中 V_T 即为信号源输出电压,V_i 为放大电路输入端电压;V'_o 为放大电路输出端开路($R_L = \infty$)时电路的输出电压,V_o 为放大电路输出端接上负载电阻 R_L($R_L = 2$ k)时电路的输出电压。

三、注意事项

①按实验电路图3.31连接好实验电路,经指导老师检查以后方可打开电源,调整直流电源Ⅰ(或Ⅱ),使输出电压为12 V,再把电源接入电路中(电源正极接电路 +12 V 处,负极接地)。

②所读取数据均需如实记录,不可人为处理数据。

③数字式万用表的短接不可持续,点到即可。

四、技能训练记录

请结合调试过程记录相关检测结果及数据,并对调试结果进行分析判断。

表3.2 静态工作点的调试

测　量　结　果				计算结果
V_{BE}	V_{CE}	I_C	I_B	β

表 3.3　放大倍数的测试

测　量　结　果			计　算　结　果	
V_i	V_{o1}	V_{o2}	A_{v1}	A_{v2}

表 3.4　放大电路输入电阻和输出电阻的测量

测　量　结　果				计算结果	
$R_S = k$		$R_L = 2\ k\Omega$			
V_i （电路输入端电压）	V_S （信号源输出电压）	V'_o （$R_L = \infty$）	V_o （$R_L = 2\ k\Omega$）	R_i	R_o

五、考核要点与评分标准

序号	评分项	得分条件	配分	评分要求	得分	测评结果
1	安全/态度	□1. 能进行仪器仪表检查 □2. 能进行工具清洁、校准、存放操作 □3. 能进行三不落地操作	15	未完成1项扣5分，扣分不超过15分		□合格 □不合格
2	专业技术能力	□1. 判别电路的通断 □2. 在15分钟内核对及用万用表检测元器件，对不合格的元器件进行更换 □3. 按图连接，要求不损坏元器件	30	未完成1项扣10分，扣分不超过30分		□合格 □不合格
3	工具及设备使用能力	□1. 正确使用万用表 □2. 判别完毕，将万用表置正确挡位	20	未完成1项扣10分，扣分不超过20分		□合格 □不合格
4	资料、信息查询能力	□1. 能正确填写元件相关信息 □2. 能正确记录检测结果及数据	20	未完成1项扣10分，扣分不超过20分		□合格 □不合格
5	数据判读和分析能力	□1. 能分析电路是否正常 □2. 能得出正确的测量结论	10	未完成1项扣5分，扣分不超过10分		□合格 □不合格
6	表单填写与报告的撰写能力	□1. 字迹清晰 □2. 语句通顺 □3. 无错别字 □4. 无涂改 □5. 无抄袭	5	未完成1项扣1分，扣分不超过5分		□合格 □不合格

技能训练2　μA741放大电路性能测试

一、设备及工具准备

（1）元件准备：集成运算放大器 μA741 X1，电阻器、电容器若干。

（2）工量具准备：±12 V 直流电源、函数信号发生器、双踪示波器、交流毫伏表、直流电压表、数字式万用表。

二、操作方法

1. 连接方法

按照图 3.32 的右图进行测试电路的连接。

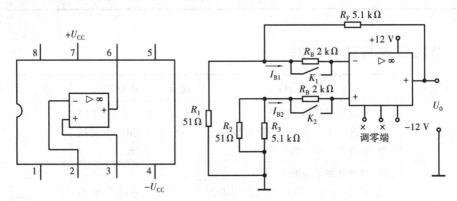

图 3.32　μA741 管脚图（左图）U_{0S}、I_{0S} 测试电路（右图）

2. 主要操作步骤

①检查工量具的好坏。

②观察实验装置的外观，如损坏则更换。

③测量输入失调电压 U_{0S}。

按图 3.32 的右图连接实验电路，闭合开关 K_1、K_2，用直流电压表测量输出端电压 U_{01}，并计算 U_{0S}，数据计入表 3.5 中。

④测量输入失调电流 I_{0S}。

实验电路如图 3.32 的右图，打开开关 K_1、K_2，用直流电压表测量 U_{02}，并计算 I_{0S}，数据计入表 3.5 中。

⑤测量开环差模电压放大倍数 A_{uo}。

按图 3.33 连接实验电路，运放输入端加频率 100 Hz，大小 30 ~ 50 mV 正弦信号，用示波器监视输出波形。用交流毫伏表测量 U_o 和 U_i 并计算 A_{uo}，数据计入表 3.5 中。

⑥测量共模抑制比 CMRR。

按图 3.34 连接实验电路，运放输入端加 $f = 100$ Hz，$U_c = 1 ~ 2$ V 正弦信号，监视输出波形。测量 U_{cc} 和 U_c，计算 A_c 及 CMRR。

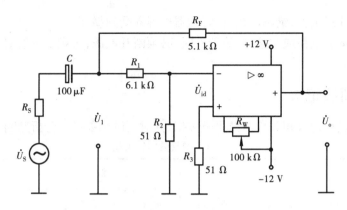

图 3.33　A_{uo} 测试电路

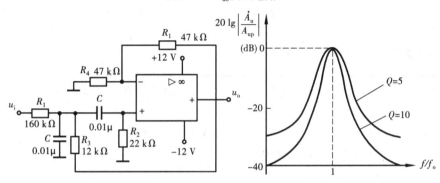

图 3.34　二阶带通滤波器电路图及幅频特性

3.测试结果分析

$$U_{0S} = \frac{R_1}{R_1 + R_F} U_{01} \qquad \text{式}(3.15)$$

$$I_{0S} = \left| I_{B1} - I_{B2} \right| = \left| U_{02} - U_{01} \right| \frac{R_1}{R_1 + R_F} \frac{1}{R_B} \qquad \text{式}(3.16)$$

$$A_{ud} = \frac{U_0}{U_{id}} = \left(1 + \frac{R_1}{R_2} \right) \frac{U_0}{U_i} \qquad \text{式}(3.17)$$

$$\text{CMRR} = \left| \frac{A_d}{A_c} \right| = \frac{R_F}{R_1} \frac{U_{iC}}{U_{0C}} \qquad \text{式}(3.18)$$

三、注意事项

①按实验电路图连接好实验电路,经指导老师检查以后方可打开电源。

②所读取数据均需如实记录,不可人为处理数据。

③数字式万用表的短接不可持续,点到即可。

④集成运放的输出端应避免与地、正电源、负电源短接,以免器件损坏。输出端所接负载电阻也不易过小,其值应使集成运放输出电流小于其最大允许输出电流,否则有可能损坏器件或使输出波形变差。

⑤注意集成运放输入信号源应为集成运放提供直流通路。

⑥电源电压应按器件使用要求,先调整好直流电源输出电压,然后接入集成运放电路,且

接入电路时必须注意极性,绝不能接反,否则器件容易受到损坏。

⑦装接集成运放电路或改接、插拔器件时,必须断开电源,否则器件容易受到极大的感应或电冲击而损坏。

四、技能训练记录

请结合调试过程记录相关检测结果及数据,并对调试结果进行分析判断。

表 3.5　测量数据记录表

U_{os}/mV		I_{os}/nA		A_{ud}/db		CMRR/db	
实测值	典型值	实测值	典型值	实测值	典型值	实测值	典型值
	2 ~ 10		50 ~ 100		100 ~ 106		80 ~ 86

五、考核要点与评分标准

序号	评分项	得分条件	配分	评分要求	得分	测评结果
1	安全/态度	□1. 能进行仪器仪表检查 □2. 能进行工具清洁、校准、存放操作 □3. 能进行三不落地操作	15	未完成 1 项扣 5 分,扣分不超过 15 分		□合格 □不合格
2	专业技术能力	□1. 判别电路的通断 □2. 在 15 分钟内核对及用万用表检测元器件,对不合格的元器件进行更换 □3. 按图连接,要求不损坏元器件	30	未完成 1 项扣 10 分,扣分不超过 30 分		□合格 □不合格
3	工具及设备使用能力	□1. 正确使用万用表 □2. 判别完毕,将万用表置正确挡位	20	未完成 1 项扣 10 分,扣分不超过 20 分		□合格 □不合格
4	资料、信息查询能力	□1. 能正确填写元件相关信息 □2. 能正确记录检测结果及数据	20	未完成 1 项扣 10 分,扣分不超过 20 分		□合格 □不合格
5	数据判读和分析能力	□1. 能分析电路是否正常 □2. 能得出正确的测量结论	10	未完成 1 项扣 5 分,扣分不超过 10 分		□合格 □不合格
6	表单填写与报告的撰写能力	□1. 字迹清晰 □2. 语句通顺 □3. 无错别字 □4. 无涂改 □5. 无抄袭	5	未完成 1 项扣 1 分,扣分不超过 5 分		□合格 □不合格

技能训练 3　互补对称功率放大电路的连接与测试

一、设备及工具准备

①元件准备:互补对称功率放大器实验电路所需元件见图 3.35 所示。
②工量具准备:双踪示波器、万用表、毫伏表、直流毫安表、信号发生器。

二、操作方法

1. 连接方法

按照图 3.35 进行电路的连接。

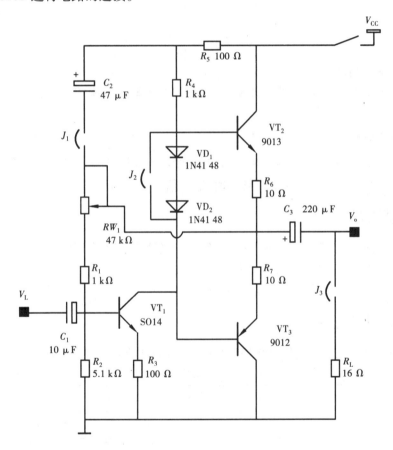

图 3.35　实验电路

2. 主要操作步骤

①检查各工量具的好坏;
②观察元器件的外观,如损坏则更换;
③静态工作点的测试。
a. 关闭系统电源。按图 3.35 正确连接实验电路。

b. 关闭系统电源,连接信号源输出和 U_s。

c. 打开系统电源,调节信号源输出 $f = 1\ \text{kHz}$、峰峰值为 50 mV 的正弦信号作为 U_s,逐渐加大输入信号的幅值,用示波器观察输出波形,此时,输出波形有可能出现交越失真(注意:没有饱和和截止失真)。

d. 观察无交越失真(注意:没有饱和和截止失真)时,恢复 $U_s = 0$,测量各级静态工作点(在 I_{c2}、I_{c3} 变化缓慢的情况下测量静态工作点),数据计入表 3.6 中。

④最大输出功率 P_{om}。

a. 按③中的实验步骤调节好功率放大电路的静态工作点。

b. 关闭系统电源。连接信号源输出和 U_s,输出端接上喇叭即 R_L。

c. 打开系统电源。调节信号源输出 $f = 1\ \text{kHz}$、50 mV 的正弦信号 U_s,用示波器观察输出电压 U_o 的波形。逐渐增大 U_i,使输出电压达到最大不失真输出,用交流毫伏表测出负载 R_L 上的电压 U_{om},计算出 P_{om}。

$$P_{om} = \frac{U_{om}^2}{R_L} \qquad \text{式}(3.19)$$

⑤输入灵敏度测试。

根据输入灵敏度的定义,在步骤④基础上,只要测出输出功率 $P_o = P_{om}$ 时(最大不失真输出情况)的输入电压值 U_i 即可。

3. 测试结果分析

在实验中可通过测量 R_L 两端的电压有效值,来求得实际的最大输出功率 P_{om}。

输入灵敏度是指输出最大不失真功率时,输入信号 U_i 之值。

三、注意事项

①按实验电路图 3.35 连接好实验电路,经指导老师检查以后方可打开电源。
②所读取数据均需如实记录,不可人为处理数据。
③数字式万用表的短接不可持续,点到即可。

四、技能训练记录

请结合调试过程记录相关检测结果及数据,并对调试结果进行分析判断。

表 3.6　静态工作点的测试

$I_{c2} = 4.14\ \text{mA}, I_{c3} = 3.9\ \text{mA}, U_A = 2.5\ \text{V}$			
	T_1	T_2	T_3
U_B/V			
U_C/V			
U_E/V			

五、考核要点与评分标准

序号	评分项	得分条件	配分	评分要求	得分	测评结果
1	安全/态度	□1. 能进行仪器仪表检查 □2. 能进行工具清洁、校准、存放操作 □3. 能进行三不落地操作	15	未完成 1 项扣 5 分,扣分不超过 15 分		□合格 □不合格
2	专业技术能力	□1. 判别电路的通断 □2. 在 15 分钟内核对及用万用表检测元器件,对不合格的元器件进行更换 □3. 按图连接,要求不损坏元器件	30	未完成 1 项扣 10 分,扣分不超过 30 分		□合格 □不合格
3	工具及设备使用能力	□1. 正确使用万用表 □2. 判别完毕,将万用表置正确挡位	20	未完成 1 项扣 10 分,扣分不超过 20 分		□合格 □不合格
4	资料、信息查询能力	□1. 能正确填写元件相关信息 □2. 能正确记录检测结果及数据	20	未完成 1 项扣 10 分,扣分不超过 20 分		□合格 □不合格
5	数据判读和分析能力	□1. 能分析电路是否正常 □2. 能得出正确的测量结论	10	未完成 1 项扣 5 分,扣分不超过 10 分		□合格 □不合格
6	表单填写与报告的撰写能力	□1. 字迹清晰 □2. 语句通顺 □3. 无错别字 □4. 无涂改 □5. 无抄袭	5	未完成 1 项扣 1 分,扣分不超过 5 分		□合格 □不合格

在电路板制作与调试过程中,元器件焊接是非常重要的一个环节,焊接质量将直接影响到电路工作的可靠性。因此,焊接技术是从事电类工作者的基本功,只有熟练掌握焊接技术,才能保证电路的焊接质量,减少电路调试过程中不必要的故障隐患。手工焊接时,要注意安全,使用前除了用万用表欧姆挡测量插头两端是否短路或开路现象外,还要用 R×10k 挡或 R×1k 挡测量插头和外壳之间的电阻。如电阻大于 2~3 MΩ 就可以使用,否则需要检查漏电原因,并加以排除后方能使用。收音机是最常见的家用电器之一,本节将在讲解其基本工作原理的基础上再进行安装、调试、使用的分析,以及学习排除常见故障的方法。

任务 3.4　微型收音机的安装、焊接与调试

相关知识

3.4.1　电路焊接和拆焊的基本方法

拆焊的技术要领

1.焊接操作姿势

使用电烙铁需要掌握正确的握持方法。手持烙铁方法（图 3.36）一般有"反握法"、"正握法"和"握笔法"3 种，前者［图 3.36（a）］是使用小型电烙铁常用的一种方式，适用于焊接小型电子元器件。当被焊元器件体积较大，使用的电烙铁也较大时，一般采用后两者［图 3.36（b），（c）］。

（a）反握法　　（b）正握法　　（c）握笔法

图 3.36　手持烙铁的三种方法

使用电烙铁要配置烙铁架，一般放置在工作台右前方，电烙铁用后一定要稳妥放于烙铁架上，并注意导线等物不要碰烙铁头。

焊锡丝拿法（图 3.37）有两种：

（a）连续锡焊时焊锡丝的拿法　　（b）断续锡焊时焊锡丝的拿法

图 3.37　焊锡丝的两种拿法

2.焊接的基本操作

五步法作为一种初学者掌握手工锡焊技术的训练方法，是卓有成效的。正确的五步法，如图 3.38 所示。

准备施焊。一手拿好焊锡丝，一手拿好电烙铁。

加热焊件。烙铁头加热被焊接面，注意烙铁头要同时接触焊盘和元器件的引线，时间为 1～2 s。

融化焊料。电烙铁头长时间不使用其表面会有一层氧化物，使电烙铁头呈黑色状态，这时不易吃上锡，应去掉氧化层上的锡。方法是将电烙铁头在含水的海绵垫上摩擦几下，就可去掉氧化层，烙铁头就可以吃上锡了。保持这层锡，可延长烙铁头寿命。焊接面被加热到一

定温度时,焊锡丝从烙铁对面接触被焊接的引线(不是送到烙铁头上),时间为 1~2 s。

移开焊锡。当焊丝熔化并浸润焊盘和引线后,同时向左右 45°方向移开焊锡丝和电烙铁,整个焊接过程约 2 s。

移开烙铁。当焊丝移开后,最后移开电烙铁。

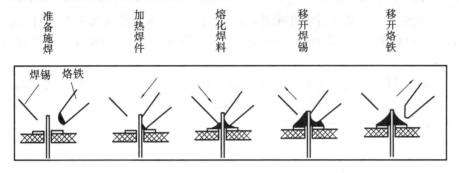

图 3.38 焊接的基本操作五步法

3.锡焊基本条件

①焊件可焊性:一般铜及其合金、金、银、锌、镍等具有较好可焊性,而铝、不锈钢、铸铁等可焊性差,一般需采用特殊焊剂及方法才能进行焊锡。

②焊料合格:铅锡焊料成分不合规格或杂质超标都会影响焊锡质量,特别是含有某些杂质,如锌、铝、镉等,即使是 0.001% 的含量也会明显影响焊料润湿性和流动性,降低焊接质量。

③焊剂合适:焊接不同的材料要选用不同的焊剂,即使是同种材料,当采用的焊接工艺不同时也往往要用不同的焊剂。对手工锡焊而言,采用松香和活性松香能满足大部分电子产品的装配要求。另外,焊剂的量也要合适,过多或过少都不利于锡焊。

④焊点设计合理:合理焊点的几何形状,对于保证锡焊的质量至关重要,如图 3.39 所示。图 3.39(a)所示的连接点由于铅锡料强度有限,很难保证焊点有足够的强度;而图 3.39(b)所示的接头设计则有很大改善。

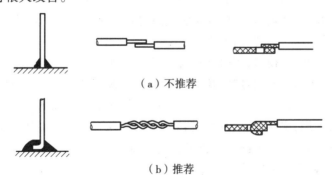

图 3.39 焊点设计合理与否示意图

4.手工焊接注意事项

①掌握好加热时间。

在保证焊料润湿焊件的前提下时间越短越好。

②保持合适的温度。

保持烙铁头在合适的温度范围。

一般经验是烙铁头温度比焊料熔化温度高 50 ℃较为适宜。

③用烙铁对焊点加力加热是错误的,会造成被焊件的损伤,例如电位器、开关、接插件的焊接点往往都是固定在塑料构件上,加力的结果容易造成元件失效。

5.插装元器件需注意的原则

①装配时,应先安装那些需要机械固定的元器件,如功率器件的散热片、卡子、支架等,然后再安装紧靠焊接固定的元器件。否则,就会在机械紧固时,使印制板受力变形而损坏其他元器件。

②各种元器件的插装(图 3.40),应使标记和色码朝上,易于辨认,标记的方向应从左到右,或从上到下;尽量使元器件两端的引线长度相等,把元器件放在两插孔中央,排列要整齐。有极性的元器件,插装时要保证极性正确。

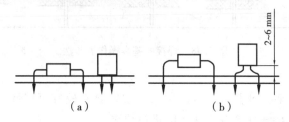

图 3.40　元器件插装形式

③焊接时应先焊那些比较耐热的元器件,如接插件、小型变压器、电阻、电容等,后焊接那些比较怕热的元器件,如各种半导体器件、塑料元件、集成电路等。

关于导线的焊接方法可参见配套教材。

3.4.2　微型收音机的安装、焊接与调试

1.收音机的工作原理

收音机的原理是把从天线接收到的高频信号,经检波还原成音频信号,送到扬声器变成音波,是把接收到的电台高频信号,用变频级电路将它转化为频率固定的中频信号,然后再对此中频信号进行多级放大、检波、前置低放,工作流程如图 3.41 所示。因为不同频率的无线电波用途较广、接收的电波较多,所以音频信号就会互相干扰,导致音响效果不好。为了设法选择所需的电台,并把不要的信号"滤掉",以免产生干扰,所以在收听广播时,需使用"选台"按钮。由于中频固定,且频率比高频已调信号低,中放的增益可以做得较大,工作较稳定,通频带特性也可做得理想,这样可以使检波器获得足够大的信号,从而使整机输出音质较好的音频信号,所以中频调谐放大电路可以做到选择性好、增益高又不易自激。这样灵敏度和选择性都可大幅度改善,而且可使整个波段接收灵敏度均匀。

2.HX108-2 七管半导体收音机

半导体收音机电路原理图,如图 3.42 所示。

电路的工作原理如下:

1)接收回路(C_{1A}、B_1)

LC 并联谐振回路在其固有振荡频率等于外界某电磁波频率时产生并联谐振,从而将某台的调幅发射信号接收下来,并通过线圈耦合到下一级电路。

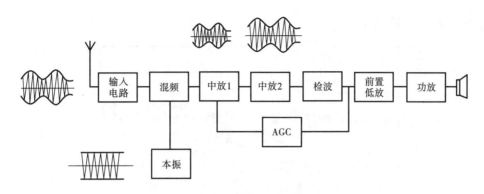

图 3.41　工作流程图

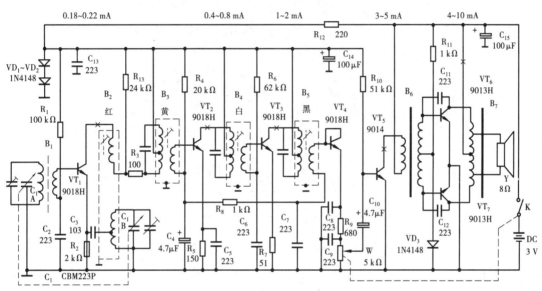

图 3.42　HX108-2 七管半导体收音机原理图

2）变频电路（V_1、C_{1B}、B_2、B_3）

作用：将天线回路的高频调幅信号变成频率固定的中频调幅信号。

原理：利用晶体管（V_1）的非线性特性，对输入信号的频率进行合成。

在超外差收音机中，用一只晶体管同时产生本振信号和完成混频工作，这种电路称为变频。

3）中频放大电路（V_2、B_4、V_3）

作用：将中频信号进行放大。

要求：有足够的中放增益，常采用两级放大；有合适的通频带，频带过窄，音频信号中各频率成分的放大增益将不同，将产生失真，频带过宽，抗干扰性将减弱、选择性降低。为了实现中放级的幅频特性，中放级都以 LC 并联谐振回路为负载的选频放大器组成，级间采用变压器耦合方式。

4）检波电路（V_4、C_8、C_9、R_9、W）

5）低放和功放（V_5、V_6、V_7、B_6、B_7）

作用：对音频信号的幅度和功率进行放大，推动扬声器。

装配图如图 3.43 所示。

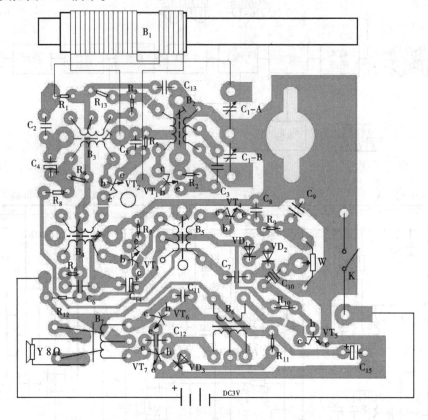

图 3.43　HX108-2 七管半导体收音机装配图

技能训练

技能训练 1　电路焊接和拆焊的基本方法

一、设备及工具准备

①元件准备:电路板、各种电子元件及导线若干。

②工量具准备:焊接工具套件。

二、操作方法

1.焊接前的准备工作

按照图 3.44 进行焊接准备。

2.主要操作步骤

①清除元件表面的氧化层;

②元件脚的弯制成形;

③元件的插放;

④元器件焊接与安装。

3.焊接质量分析与标准

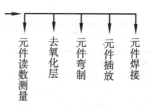

图 3.44　焊接准备

（1）焊接质量

焊接质量主要包括：电器的可靠连接、机械性能牢固和光洁美观三个方面，其中最关键的一点是必须避免虚焊。虚焊焊点成为有接触电阻的不可靠的连接状态，使电路工作处于不正常或不稳定状态。虚焊可以引起电路噪声、使元器件易于脱落，虚焊也是电路调整工作和维修的重大隐患。

（2）造成虚焊的主要原因

焊锡质量差，助焊剂的还原性不良或用量不够，被焊接表面可焊性处理不好；烙铁头的温度过高或过低、表面有氧化层；焊接时间掌握不好，焊锡尚未凝固而摇动被焊元件。

（3）焊点的质量检查

合格的焊点不仅没有虚焊，而且焊锡量合适，大小均匀，表面有金属光泽，没有拉尖、气泡、裂纹等现象。表面有金属光泽是焊接温度合适的标志，也是美观的要求。合格的焊点形状为近似圆锥面表面微凹呈慢坡状。虚焊点表面往往呈凸形，有尖角、气泡、裂纹、结构松散、白色无光泽、不对称情况，可以鉴别出来。

三、注意事项

①一旦焊接错误，要小心地用烙铁加热后取下重焊。拨下的动作要轻，如果安装孔堵塞，要边加热边用针通开；

②加热中要把电烙铁的斜面靠在元件脚上使加热面积最大；

③用烙铁对焊点加力加热是错误的；

④电烙铁加热后不可触碰到导线、书包等物品；

⑤所读取数据均需如实记录，不可人为处理数据；

⑥数字式万用表的短接不可持续，点到即可。

四、技能训练记录

请结合焊接过程记录相关结果及数据并填写到表 3.7 中，然后对结果进行分析判断。

表 3.7　焊点的检查

焊点形状	焊点大小	元件里电路板距离

五、考核要点与评分标准

序号	评分项	得分条件	配分	评分要求	得分	测评结果
1	安全/态度	□1. 能进行焊接相关工具的检查 □2. 能进行工具清洁、校准、存放操作 □3. 能进行三不落地操作	15	未完成1项扣5分,扣分不超过15分		□合格 □不合格
2	专业技术能力	□1. 判别焊点的质量 □2. 在15分钟内核对及用万用表检测元器件,对不合格的元器件进行更换	30	未完成1项扣15分,扣分不超过30分		□合格 □不合格
3	工具及设备使用能力	□1. 正确使用电烙铁 □2. 使用完毕,将电烙铁正确放入烙铁架	20	未完成1项扣10分,扣分不超过20分		□合格 □不合格
4	资料、信息查询能力	□1. 能正确填写焊点相关信息 □2. 能正确记录焊点结果及数据	20	未完成1项扣10分,扣分不超过20分		□合格 □不合格
5	数据判读和分析能力	□1. 能分析焊点是否正常 □2. 能得出正确的检查结论	10	未完成1项扣5分,扣分不超过10分		□合格 □不合格
6	表单填写与报告的撰写能力	□1. 字迹清晰 □2. 语句通顺 □3. 无错别字 □4. 无涂改 □5. 无抄袭	5	未完成1项扣1分,扣分不超过5分		□合格 □不合格

技能训练2　微型收音机的安装、焊接与调试

一、设备及工具准备

①元件准备:HX108-2七管半导体收音机套件。
②工量具准备:焊接工具套件,万用表,直流稳压电源。

二、操作方法

1.安装前的准备工作

按照图3.42和图3.43进行安装准备,包括元件的检查、插放等。

2.主要操作步骤

①清点材料,按材料清单一一对应,记清每个元件的名称与外形;
②二极管、电容、电阻的认识;

③焊接前的准备工作;

④元器件的焊接与安装;

⑤机械部件的安装调整;

⑥收音机故障的排除。

3. 安装、调试过程及结果分析

（1）各零件的种类及个数

13 个电阻零件的外观,如图 3.45 所示;2 个二极管和 1 个电位器的外观,如图 3.46 所示;4 个(各 2 个)电解电容的外观,如图 3.47 所示;4 根连接线的外观,如图 3.48 所示;223 和 103 瓷片电容的外观,如图 3.49 所示;双联(1 个)、变压器(2 个)、中周(4 个)的外观,如图 3.50 所示;三极管(7 个)、周率板(1 个)、电位盘(1 个)、调谐盘(1 个)的外观,如图 3.51 所示;正极片(2 个)、负极弹簧(2 个)、磁棒和线圈(1 套)、磁棒支架(1 个)的外观,如图 3.52 所示;螺钉(5 个)、喇叭(1 个)、拎带(1 根)的外观,如图 3.53 所示;前框正面(1 个),后盖(1 个)的外观,如图 3.54 所示。

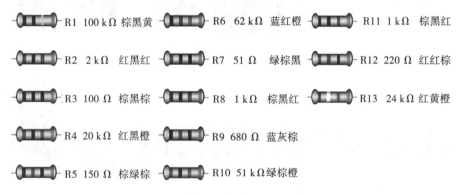

R1 100 kΩ 棕黑黄   R6 62 kΩ 蓝红橙   R11 1 kΩ 棕黑红

R2 2 kΩ 红黑红   R7 51 Ω 绿棕黑   R12 220 Ω 红红棕

R3 100 Ω 棕黑棕   R8 1 kΩ 棕黑红   R13 24 kΩ 红黄橙

R4 20 kΩ 红黑橙   R9 680 Ω 蓝灰棕

R5 150 Ω 棕绿棕   R10 51 kΩ 绿棕橙

图 3.45 13 个电阻零件的外观

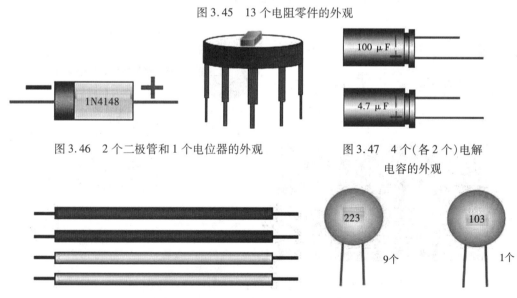

1N4148

100 μF

4.7 μF

图 3.46 2 个二极管和 1 个电位器的外观

图 3.47 4 个(各 2 个)电解电容的外观

223   9个

103   1个

图 3.48 4 根连接线的外观

图 3.49 223 和 103 瓷片电容的外观

139

图 3.50　双联(1 个)、变压器(2 个)、中周(4 个)(从左往右)的外观

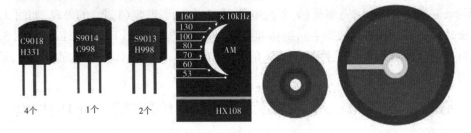

图 3.51　三极管(7 个)、周率板(1 个)、电位盘(1 个)、调谐盘(1 个)(从左往右)的外观

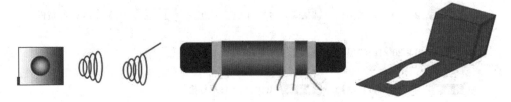

图 3.52　正极片(2 个)、负极弹簧(2 个)、磁棒和线圈(1 套)、
磁棒支架(1 个)(从左往右)的外观

图 3.53　螺钉(5 个)、喇叭(1 个)、拎带(1 根)(从左往右)的外观

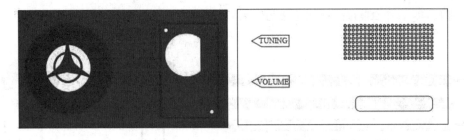

图 3.54　前框正面(1 个)、后盖(1 个)(从左往右)的外观

(2)二极管、电阻等元件的认识

二极管的极性区分,如图 3.55 所示;电阻的色环标志,如图 3.56 所示;焊点的正确形状,

如图 3.57 所示;印制板正面、背面安装,如图 3.58、图 3.59 所示;喇叭的安装位置及方法,如图 3.60 所示;连接五个测试点,如图 3.61 所示。

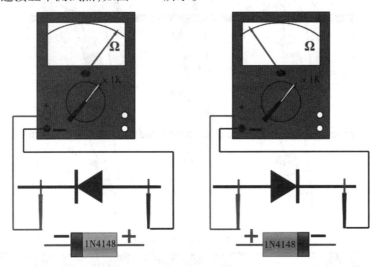

图 3.55 区分二极管的极性

颜色	I	II	III	倍率	误差
黑	0	0	0	10^0	
棕	1	1	1	10^1	±1%
红	2	2	2	10^2	±2%
橙	3	3	3	10^3	
黄	4	4	4	10^4	
绿	5	5	5	10^5	±0.5%
兰	6	6	6		±0.25%
紫	7	7	7		±0.1%
灰	8	8	8		
白	9	9	9		
金				10^{-1}	±5%
银				10^{-2}	±10%

图 3.56 色环标志

金色和银色只能是乘数和允许误差,一定放在右边。表示允许误差的色环比别的色环稍宽,离别的色环稍远。我们用的电阻大都允许误差是 ±5% 的,用金色色环表示,因此金色一般都在最右边。

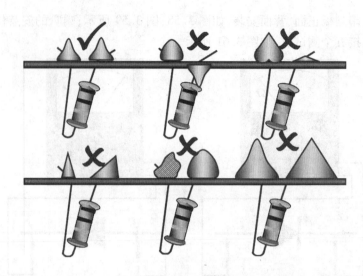

图 3.57 焊点的正确形状

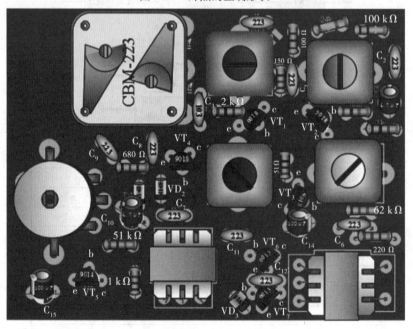

图 3.58 印制板正面的安装

（3）调整中频频率

打开收音机随便找一个低端电台，先调黑中周 B_5 调到声音响亮为止，然后调白中周 B_4，最后调黄中周 B_3。注意，一定要按以上顺序调节。

当本地电台已调到很响时，改收弱的外地电台。用第一步的方法调整，再调到声音最响为止，按上述方法从后向前的次序，反复细调二、三遍。

（4）调整频率范围

①调低端：在 550～700 kHz 范围内选一个电台，如中央人民广播电台 640 kHz。调红中周 B_2 调到 640 kHz 电台声音最大。

②调高端：在 1 400～1 600 kHz 范围内选一个电台，如 1 500 kHz 将协调盘指针指在周率

图 3.59　印制板背面的安装

图 3.60　喇叭的安装位置及方法

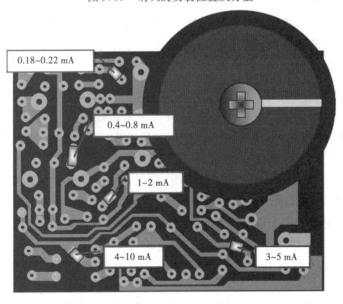

图 3.61　连接五个测试点

板刻度 1 500 kHz 的位置。调节双联左上角的微调电容,使电台声音最大。

以上两步需反复 2 至 3 次,频率刻度才能调准。

(5)统调

低端统调:收一个最低端电台,调整线圈在磁棒上的位置,使声音最响。

高端统调:收一个最高端电台,调节双联上的微调电容,使声音最响。

(6)整机静态总电流测量

无信号时,静态总电流小于 25 mA;若大于 25 mA,则该机出现短路或局部短路,无电流则电源没接上。

(7)工作电压测量

小于 1.3 V 或无电压,检查 3 V 电源接好没有。D_1 正极,D_2 负级两端的电压在 1.3 V $\pm$ 0.1 V,大于 1.4 V 或小于 1.2 V,均不正常,可能是中周(特别是白中周与黄中周)初级与其外壳短路;大于 1.4 V,二极管 4148 可能极性接反或损坏。检查 R_{12} 电阻 220 Ω 是否接好。

三、组装调整中易出现的问题

1. 变频部分

判断变频级是否起振,用 MF47 型万用表直流 2.5 V 挡接 V_1 发射级。负表棒接地,然后用手摸双联振荡联(即连接 B_2 端),万用表指针应向左摆动,说明电路工作正常,否则说明电路中有故障。变频级工作电流不宜太大,否则噪声大。红色振荡线圈外壳两脚均应焊牢,以防调谐盘卡盘。

2. 中频部分

中频变压器序号位置搞错,结果导致灵敏度和选择性降低,有时有自激。

3. 低频部分

输入、输出位置搞错,虽然工作电流正常,但音量很低,V_6、V_7 集电极(c)和发射级(e)搞错,工作电流调不上,音量极低。

4. 检测修理数据分析

检测修理的方法如图 3.62 所示。

变频级无工作电流的原因主要有:天线线圈次级未接好(见印刷板背面的安装);红中周次级不通,R_3　100 Ω 虚焊,或错焊了大值电阻。V_1 9018 三极管已损坏,或未按要求接好。电阻 R_1　100 kΩ 和 R_2　2 kΩ 接错或虚焊。

一中放无工作电流的原因主要有:R_5　150 Ω 开路或者虚焊;V_2 晶体管坏或管脚(e、b、c)插错;R_4　20 kΩ 电阻未焊好。

二中放无工作电流的原因主要有:R_7　51 kΩ 电阻未焊好;黑中周初级开路;黄中周次级开路;R_6　65 kΩ 电阻未焊好。

低放级无工作电流的原因主要有:V_5 三极管坏或管脚接错;输入变压器初级开路;电阻 R_{10}　51 kΩ 未焊好。

整机无声的原因主要有:3 V 电源接好没有;音量电位器未打开;黄中周外壳未焊好;各级电流是否正常见;D_1 正极,D_2 负极两端电压是否是 1.3 V $\pm$ 0.1 V;用万用表 ×1 挡检查喇叭,表笔接触喇叭引出接头时,应有"喀喀"声,若没有,说明喇叭已坏。测量时应将喇叭焊下,不可连机测量。

- · 整机静态总电流测量
- · 工作电压测量　　　　　　总电压3 V
- · 变频级无工作电流
- · 一中放无工作电流
- · 一中放工作电流大　　　1.5~2 mA(标准是0.4~0.8 mA)
- · 二中放无工作电流
- · 二中放工作电流太大,>2 mA

- · 低放级无工作电流
- · 低放级电流太大　　大于6 mA
- · 功放级无电流(V_6、V_7管)
- · 功放级电流太大　　大于20 mA
- · 整机无声
- · 整机无声:用MF47型万用表检查故障方法

图 3.62　检测修理参考数据

四、注意事项

①打开时请小心,不要将塑料袋撕破,以免材料丢失。清点材料时请将机壳后盖当容器,将所有的东西都放在里面。清点完后请将材料放回塑料袋备用,如暂时不用的请放在塑料袋里。

②一旦焊接错误,要小心地用烙铁加热后取下重焊。拔下的动作要轻,如果安装孔堵塞,要边加热边用针通开。

③加热中要把电烙铁的斜面靠在元件脚上使加热面积最大。

④用烙铁对焊点加力加热是错误的。

⑤电烙铁加热后不可触碰到导线、书包等物品。

⑥所读取数据均需如实记录,不可人为处理数据。

⑦数字式万用表的短接不可持续,点到即可。

⑧不仅要位置正确,还要焊接可靠,形状美观。

⑨先上双联反面的螺丝,再焊接。

⑩检测的前提是安装正确、元器件无差处、无缺焊、无错焊及搭焊。

⑪检查时一般由后级向前检测,先检查低功放级,再看中放和变频级。

⑫测量时应将喇叭焊下,不可连机测量。

五、技能训练记录

请结合安装调试过程记录相关结果及数据并按表3.8进行测量,然后对结果进行分析判断。

表 3.8　收音机调试数据测量

类别	测量内容	万用表量程
电阻 R	电阻值	×10 Ω, ×100 Ω, ×1 kΩ
电容 C	电容绝缘电阻	×10 kΩ
三极管 hFE	晶体管放大倍数 9018H(97-146) 9014C(200-600)、9013H(144-202)	hFE
二极管	正、反向电阻	×1 kΩ
中周	初次级为无穷大	×1
输入 变压器 (蓝色)		×1
输入 变压器 (红色)		×1

六、考核要点与评分标准

序号	评分项	得分条件	配分	评分要求	得分	测评结果
1	安全/态度	□1. 能进行焊接相关工具的检查 □2. 能进行工具清洁、校准、存放操作 □3. 能进行三不落地操作	15	未完成 1 项扣 5 分, 扣分不超过 15 分		□合格 □不合格
2	专业技术能力	□1. 判别焊点的质量 □2. 在 15 分钟内核对及用万用表检测元器件, 对不合格的元器件进行更换	10	未完成 1 项扣 5 分, 扣分不超过 10 分		□合格 □不合格

续表

序号	评分项	得分条件	配分	评分要求	得分	测评结果
3	工具及设备使用能力	□1. 正确使用电烙铁 □2. 使用完毕,将电烙铁正确放入烙铁架	20	未完成 1 项扣 10 分,扣分不超过 20 分		□合格 □不合格
4	资料、信息查询能力	□1. 能正确填写焊点相关信息 □2. 能正确记录焊点结果及数据	20	未完成 1 项扣 5 分,扣分不超过 20 分		□合格 □不合格
5	数据判读和分析能力	□1. 能分析焊点是否正常 □2. 能得出正确的检查结论 □3. 能正确分析收音机的测量数据	30	未完成 1 项扣 10 分,扣分不超过 30 分		□合格 □不合格
6	表单填写与报告的撰写能力	□1. 字迹清晰 □2. 语句通顺 □3. 无错别字 □4. 无涂改 □5. 无抄袭	5	未完成 1 项扣 1 分,扣分不超过 5 分		□合格 □不合格

　　仪器仪表能改善、扩展或补充人的感官能力。人们用感觉器官去视、听、尝、摸外部事物,而显微镜、望远镜、声级计、酸度计、高温计、真空离心浓缩仪等仪器仪表,可以改善和扩展人的这些感官能力;另外,有些仪器仪表如磁强计、射线计数计可测量到人的感觉器官所不能感受到的物理量,还有些仪器仪表可以超过人的能力去记录、计算和计数,如高速照相机、计算机等。仪器是科学技术发展的重要"工具"。著名科学家王大珩先生指出,"机器是改造世界的工具,仪器是认识世界的工具"。仪器是工业生产的"倍增器"、是科学研究的"先行官"、是军事上的"战斗力"、是现代社会活动的"物化法官"。不言而喻,仪器仪表在当今时代推动科学技术和国民经济的发展中具有非常重要的地位。在我们电子技术的应用领域,不仅使用各种电子仪器仪表对电路进行维护和检测,还需要借助于仪器仪表去检测各种电信号。

任务3.5　函数信号发生器及双踪示波器的使用

相关知识

3.5.1　函数信号发生器的使用

　　函数信号发生器是一台具有高度稳定性、多功能等特点的仪器,能直接产生正弦波、三角波、方波、斜波、脉冲波,波形对称可调并具有反向输出,直流电平可连续调节。TTL 可与主信号做同步输出,还具有 VCF 输入控制功能。频率计可做内部频率显示,也可外测 1 Hz ~ 10.0

MHz 的信号频率,电压用 LED 显示。

1. 使用方法

以 TFG2006 DDS 函数信号发生器为例,见图 3.63,说明其使用方法。

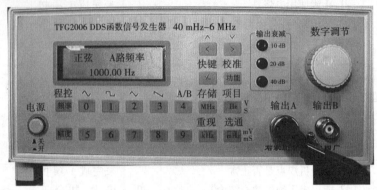

图 3.63 DDS 函数信号发生器

使用前请先检查电源电压是否为 220 V,确认后方可将电源线插头插入仪器后面板电源插座内。

(1)开机

将电源插头插入交流 220 V 带有接地线的电源插座中,按下电源开关,仪器进行自检初始化,首先显示"WELCOME TO USE"(欢迎使用),然后依次显示 0,1,2,3,4,5,6,7,8,9 ,最后进入复位初始化状态,自动选择"连续"功能,显示出当前 A 路波形和频率值。

(2)常用操作

1)A 路功能设定

A 路频率设定:如需设定频率值 3.5 kHz,依次按下[频率][3][.][5][kHz]。

A 路频率调节:按[<]或[>]键使光标指向需要调节的数字位,左右转动手轮可使数字增大或减小,并能连续进位或借位,由此可任意粗调或细调频率。

A 路周期设定:如需设定周期值 25 ms,依次按下[Shift][周期][2][5][ms]。

A 路幅度设定:如需设定幅度值为 3.2 V,依次按下[幅度][3][.][2][V]。

A 路幅度格式选择:有效值或峰峰值,[Shift][有效值]或[Shift][峰峰值]。

恢复初始化状态:依次按下[Shift][复位]。

A 路波形选择:在输出路径为 A 路时,选择正弦波或方波,依次按下[Shift][0]或[Shift][1]。

A 路方波占空比设定:在 A 路选择为方波时,设定方波占空比为 65% ,依次按下[Shift][占空比][6][5][Hz]。

2)通道设置选择

反复按下[Shift][A/B/C]两键可循环选择为 A 路,B 路,C 路(仅 2300、2300 V 有 C 路)。

3)B 路功能设定

B 路波形选择:在输出路径为 B 路时,选择正弦波,方波,三角波,锯齿波,分别依次按下[Shift][0] ,[Shift][1] ,[Shift][2], [Shift][3]。

B 路多种波形选择：B 路可选择 32 种波形,按下[选项]键,选中"B 路波形",按[＜]或[＞]键使光标指向个位数,使用手轮可从 0 至 31 选择 32 种波形。

4)开机或复位后仪器的工作状态

详见图 3.64 所示。

```
A 路:波形:正弦波      频率:1 kHz      幅度:1 V p-p
     衰减:AUTO      偏移:0 V      方波占空比:50%
     时间间隔:10 ms      扫描方式:往返      猝发计数:3 个
     调制载波:50 kHz      调频频偏:15%      调幅深度:100%
     相移:0°
B 路:波形:正弦波      频率:1 kHz      幅度:1 V p-p
C 路:(仅 2 300、2 300 V)
     波形:正弦波      频率:0 MHz      幅度:0 dBm
```

图 3.64　初始化状态

2.使用注意事项

①本仪器采用大规模集成电路,调试、维修时应有防静电装置,以免造成仪器受损。

②勿在高温、高压、潮湿、强振荡、强磁场、强辐射、易爆环境、防雷电条件差、防尘条件差、温湿度变化大等场所使用和存放。

③在相对稳定环境中使用,并提供良好的通风散热条件。校准测试时,测试仪器或其他设备的外壳应良好接地,以免意外损害。

④信号发生器的负载不能存在高压、强辐射、强脉冲信号,以防止功率回输造成仪器的损坏。功率输出负载不要短路,以防止功放电路过载。当出现显示窗显示不正常、死机等现象出现时,只要关机重新启动即可恢复正常。

⑤为了达到最佳效果,使用前先预热 30 min。

⑥非专业人员请勿擅自打开机壳或拆装本仪器,以免影响本仪器的性能,或造成不必要的损失。

3.5.2　双踪示波器的使用

双踪示波器(图 3.65)是一种应用非常广泛的电子测量仪器,它能更加准确地展现出人们肉眼看不到的电现象的变化。技术瞬息万变,双踪示波器的最新应用也层出不穷。双踪示波器能直接观察电信号的波形,分析和研究电信号的变化规律,还可测试多种电量的电器设备,如幅值、频率、相位差和时间等。若配以传感器,还能对一些非电量进行测量。

1.使用方法

以图 3.65(b)所示的 SR-8 型双踪示波器为例来介绍它的使用方法和使用注意事项。使用方法如下:

(1)时基线的调节

将示波器的控制件调至适当位置,时基线的调节将各控制件位置置于表所示位置。如看不到光迹,判断光迹偏离方向,然后松开按键,把光迹移至荧光屏中心位置。

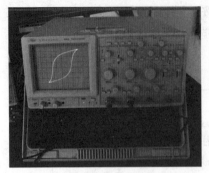
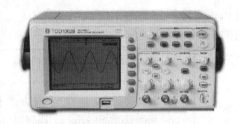

（a）模拟式双踪示波器　　　　　　　（b）双踪示波器数字式（SR-8型）

图 3.65　双踪示波器

（2）聚焦和辅助聚焦调节

聚焦调节旋钮用于调节光迹的聚焦（粗细）程度，使用时以图形清晰为佳。把光点或时基线移至荧光屏中心位置然后调节聚焦及辅助聚焦，使光点或时基线最清晰。

（3）输入信号的连接

以显示校准信号（1 V1 000 Hz 方波）为例，用同轴电缆将校准信号接入 YA 通道，YA 通道的输入耦合开关置于"AC"位置，根据输入信号的幅度调节旋钮的位置，灵敏度开关（V/div）置于"0.2"挡，并将其微调旋至满度的校准位置上，触发方式置于"自动"。将旋钮指示的数值（如 0.2 V/div，表示垂直方向每格幅度为 0.2 V）乘以被测信号在屏幕垂直方向所占格数，即得出该被测信号的幅度，此时，荧光屏上应显示出约 5 div 的矩形波。调节扫描速度，应根据输入信号的频率调节旋钮的位置，将该旋钮指示数值（如 0.5 ms/div，表示水平方向每格时间为 0.5 ms），乘以被测信号一个周期占有格数，即得出该信号的周期，也可以换算成频率。

（4）高频探头的使用

在使用高频探头测量时，输入阻抗提高到 10 MΩ，但同时也引进 10:1 的衰减，使测量灵敏度下降到未使用高频探头的 1/10。所以在使用高频探头测量电压时，被测电压的实际值应是荧光屏上读数的 10 倍。在使用高频探头测量快速变化的信号时，必须注意探头的接地点应选择在被测点附近。

（5）交替和断续的选择

第一，"交替"显示方式的特点是：扫描周期要比被测信号周期长，即扫描频率要比信号频率低，否则就无法观测到完整的一个周期的波形。在双踪示波器使用中若采用这种显示方式在采用低速扫描时，会产生明显的闪烁现象，甚至可以看出两个通道的转换过程。因此，"交替"显示方式不适用于观测频率较低的信号。

第二，"断续"显示方式的特点是：电子开关频率要比扫描频率高得多，否则当二者频率相近时，波形将产生明显的间断现象。因此，在双踪示波器使用过程中"断续"显示方式不适用于观测频率较高的信号。

第三，"交替"或"断续"显示方式的触发都应选择"内触发"，因为采用这两种显示方式所显示的波形都是经多次扫描形成的，只有取用被测信号本身当作触发信号，才能做到每次扫描起点一致，也才能保证所显示的波形稳定。对两个信号做一般比较时，如观测频率、幅度、波形失真等，采用上述"内触发"方式是可以的，但是，当涉及这两个信号之间的相位关系及时间关系时，因为触发信号是有极性的，所以只能采用其中一个通道的信号作为触发信号，这样就有了一个统一的时间标准,相位关系就能如实地显示出来。例如, SR-8 型双踪示波器的"拉 – YB"拉出后,扫描的触发信号即取自 YB 通道的输入信号。两个输入信号中,选哪一个信号作为触发信号,就应把该信号从 YB 输入端输入。还应注意,使用双踪示波器观测脉冲信号时,触发方式开关应置"常态",测量中的示波器如图 3.66 所示。

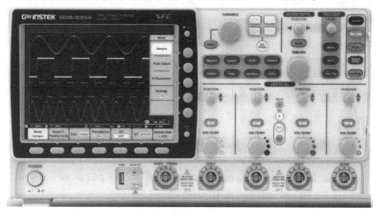

图 3.66　测量中的示波器

2.注意事项

①开机之前检查供电电源是否跟双踪示波器要求的电源一致及接地状况,然后再检查它的各个外部操作部件是否完好。

②使用示波器时,辉度不宜设置过亮,且光点不能长期停在某点,无操作时,最好将辉度调暗。

③调聚焦时,宜采用光点聚焦,不宜采用扫描线聚焦,目的是后续的电子束能较好地在 X、Y 轴聚拢。

④输入电压幅值不能超过其允许值,信号线连接时,注意防干扰。可采用屏蔽线或高频同轴电缆及合理选用探头。

⑤示波器不可在电场或磁场使用,以免信号干扰,对信息提取产生较大误差。

⑥观察电信号波形图时宜在屏幕中心区域进行,以提高获取信息的准确度。

技能训练

技能训练 1　函数信号发生器的使用

一、设备及工具准备

工量具准备:TFG2006 DDS 函数信号发生器、万用表、双踪示波器、直流稳压电源。

二、操作方法

1.使用的准备工作

按照图 3.63 和图 3.64 认知面板所有功能。

2.主要操作步骤

①开机。

②A 路功能设定。

③通道设置选择。

④B 路功能设定。

⑤复位。

3.测量结果分析

参照图 3.64 的初始化状态进行复位,根据所观察的各种信号,记录相关数值。

三、注意事项

①仪器需预热 30 min 后方可使用;

②把仪器接入电源之前,应检查电源电压值和频率是否符合仪器要求;

③不得将大于 10 V(DC 或 AC)的电压加至输出端。

四、技能训练记录

请结合使用过程记录相关结果及数据,并填写到表 3.9 中,然后对结果进行分析判断。

表 3.9　测试数据

	初始化状态下	A 路正弦波	A 路方波
频率/Hz			
周期/s			
幅值/V			
占空比/%			

五、考核要点与评分标准

序号	评分项	得分条件	配分	评分要求	得分	测评结果
1	安全/态度	□1.能进行相关工量具的检查 □2.能进行工具清洁、校准、存放操作 □3.能进行三不落地操作	15	未完成 1 项扣 5 分,扣分不超过 15 分		□合格 □不合格
2	专业技术能力	□1.判别数据的准确性 □2.在 15 分钟内检验设备的好坏,对不合格的设备进行更换	20	未完成 1 项扣 10 分,扣分不超过 20 分		□合格 □不合格
3	工具及设备使用能力	□1.正确使用函数信号发生器 □2.使用完毕,将函数信号发生器正确还原	30	未完成 1 项扣 15 分,扣分不超过 30 分		□合格 □不合格

序号	评分项	得分条件	配分	评分要求	得分	测评结果
4	资料、信息查询能力	□1.能正确填写波形相关信息 □2.能正确记录波形结果及数据	20	未完成 1 项扣 10 分,扣分不超过 20 分		□合格 □不合格
5	数据判读和分析能力	□1.能分析波形是否正常 □2.能得出正确的检查结论	10	未完成 1 项扣 5 分,扣分不超过 10 分		□合格 □不合格
6	表单填写与报告的撰写能力	□1.字迹清晰 □2.语句通顺 □3.无错别字 □4.无涂改 □5.无抄袭	5	未完成 1 项扣 1 分,扣分不超过 5 分		□合格 □不合格

技能训练 2　双踪示波器的使用

一、设备及工具准备

工量具准备:TFG2006 DDS 函数信号发生器、万用表、双踪示波器、直流稳压电源。

二、操作方法

1.使用的准备工作

①信号发生器:用来产生信号源的仪器。它有输出正弦波、三角波、方波等信号的功能,输出电压和频率均可调节。

②直流稳压电源:为被测实验电路提供能源,通常是电压输出。例如,5～6 V、±12 V 或 ±15 V、交流 15 V 或 9 V 等。

③示波器:用来测量实验电路的输出信号。示波器可用于显示电压或电流波形,测量频率、周期等其他相关参数。

④按图 3.65(b)和图 3.66 认知面板所有功能。

2.主要操作步骤

①时基线的调节;

②聚焦和辅助聚焦调节;

③输入信号的连接,该信号由函数信号发生器 A 路提供;

④高频探头的使用;

⑤交替和断续的选择。

3.测量结果分析

参照图 3.64 进行初始化状态设置,检查示波器的好坏。

根据所观察的各种信号,记录相关数值。

三、注意事项

① 开机之前检查供电电源是否跟双踪示波器要求的电源一致及接地状况,然后再检查它的各个外部操作部件是否完好。

②使用示波器时,辉度不宜设置过亮,且光点不能长期停在某点,无操作时最好将辉度调暗。

③调聚焦时,宜采用光点聚焦,不宜采用扫描线聚焦,为了后续的电子束能较好地在 X,Y 轴聚拢。

④输入电压幅值不能超过其允许值,信号线连接,注意防干扰。可采用屏蔽线或高频同轴电缆及合理选用探头。

⑤示波器不可在电场或磁场使用,以免信号干扰,对信息提取产生较大误差。

⑥观察电信号波形图时宜在屏幕中心区域进行,提高获取信息的准度。

四、技能训练记录

请结合使用过程记录相关结果及数据并填写到表 3.10 中,然后对结果进行分析判断。

表 3.10 测试数据

	初始化状态下	正弦波	方波
频率/Hz			
周期/s			
幅值/V			
X 轴/s·格$^{-1}$			
Y 轴/V·格$^{-1}$			

五、考核要点与评分标准

序号	评分项	得分条件	配分	评分要求	得分	测评结果
1	安全/态度	□1.能进行相关工量具的检查 □2.能进行工具清洁、校准、存放操作 □3.能进行三不落地操作	15	未完成 1 项扣 10 分,扣分不超过 20 分		□合格 □不合格
2	专业技术能力	□1.判别数据的准确性 □2.在 15 分钟内检验设备的好坏,对不合格的设备进行更换	20	未完成 1 项扣 10 分,扣分不超过 20 分		□合格 □不合格
3	工具及设备使用能力	□1.正确使用各种仪器仪表 □2.使用完毕,将双踪示波器正确还原	30	未完成 1 项扣 15 分,扣分不超过 30 分		□合格 □不合格

序号	评分项	得分条件	配分	评分要求	得分	测评结果
4	资料、信息查询能力	□1. 能正确填写波形相关信息 □2. 能正确记录波形结果及数据	20	未完成 1 项扣 10 分, 扣分不超过 20 分		□合格 □不合格
5	数据判读和分析能力	□1. 能分析波形是否正常 □2. 能得出正确的检查结论	10	未完成 1 项扣 5 分, 扣分不超过 10 分		□合格 □不合格
6	表单填写与报告的撰写能力	□1. 字迹清晰 □2. 语句通顺 □3. 无错别字 □4. 无涂改 □5. 无抄袭	5	未完成 1 项扣 1 分, 扣分不超过 5 分		□合格 □不合格

职业功能 4

可编程控制器技术

    本模块为电工(中级)国家职业技能标准中的职业功能4,主要涉及使用 PLC 基本逻辑指令、定时器与计数器指令及应用、S7-200 顺序控制指令及应用,共包括 3 个工作内容,8 个技能点。

> **工作内容**
> 4.1   学会使用 PLC 基本逻辑指令
> 4.2   定时器与计数器指令及应用
> 4.3   S7-200 顺序控制指令及应用

任务4.1   学会使用 PLC 基本逻辑指令

相关知识

    S7-200 PLC 用 LAD 编程时以每个独立的网络块(Network)为单位,所有的网络块组合在一起就是梯形图程序,这也是 S7-200 PLC 的特点。S7-200PLC 用 STL 编程时,如果以每个独立的网络块为单位,则 STL 程序和 LAD 程序基本上是一一对应的,两者可以在编程软件环境中相互转换;如果不以每个独立的网络块为单位编程,而是连续编写,则 STL 程序和 LAD 程序就不能通过编程软件相互转换。

S7 - 200PLC 编程
软件介绍

4.1.1   逻辑取及线圈驱动指令

    逻辑取及线圈驱动指令为 LD(Load)、LDN(Load Not)和 =(Out)。

    LD(Load):取常开触点指令。用于网络块逻辑运算开始的常开触点与母线的连接。

    LDN(Load Not):取常闭触点指令。用于网络块逻辑运算开始的常闭触点与母线的连接。

=（Out）:线圈驱动指令。如图4.1所示为上述3条指令的用法。

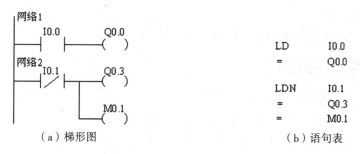

（a）梯形图　　　　　　　　　（b）语句表

图4.1　逻辑取及线圈驱动指令

使用说明:

①LD、LDN 指令不只是用于网络块逻辑计算开始时与母线相连的常开和常闭触点,在分支电路块的开始也要使用 LD、LDN 指令,与后面要讲的 ALD、OLD 指令配合完成块电路的编程。

②由于输入继电器的状态由输入端子的状态唯一决定,在程序中是不能被改变的,所以"="指令不能用于输入继电器。

③并联的"="指令可连续使用任意次。

④在同一程序中不要使用双线圈输出,即同一个元器件在同一程序中只使用一次"="指令。否则可能会产生不希望的结果。

⑤LD、LDN 指令的操作数为:I、Q、M、SM、T、C、V、S、L。"="指令的操作数为:Q、M、S、V、S、L。T 和 C 也作为输出线圈,但在 S7-200 PLC 中输出时不以使用"="指令形式出现,而是采用功能块(见定时器和计数器指令)。

4.1.2　触点串联指令

触点串联指令有 A 和 AN。

A(And):与指令,用于单个常开触点的串联连接。

AN(And Not):与非指令,用于单个常闭触点的串联连接。

如图4.2所示为上述两条指令的用法。

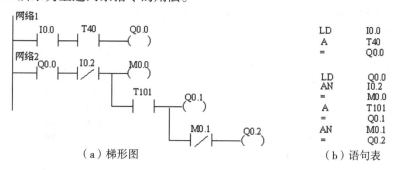

（a）梯形图　　　　　　　　　（b）语句表

图4.2　触点串联指令

使用说明:

①A、AN 是单个触点串联连接指令,可连续使用。但在用梯形图编程时会受到打印宽度和屏幕显示的限制,S7-200 PLC 的编程软件中规定的串联触点使用上限为 11 个。

② 图 4.2 所示的连续输出电路,可以反复使用"="指令,但次序必须正确,不然就不能连续使用"="指令编程了。

③ A、AN 指令的操作数为:I、Q、M、SM、T、C、V、S 和 L。

4.1.3 触点并联指令

触点并联指令为 O(Or)、ON(Or Not)。

O(Or):或指令。用于单个常开触点的并联连接。

ON(Or Not):或非指令。用于单个常闭触点的并联连接。

如图 4.3 所示为上述两条指令的用法。

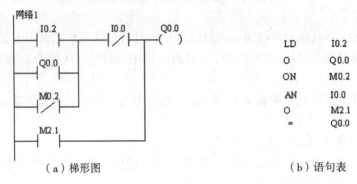

（a）梯形图   （b）语句表

图 4.3   触点并联指令

使用说明:

① 单个触点的 O、ON 指令可连续使用。

② O、ON 指令的操作数为:I、Q、M、SM、T、C、V、S 和 L。

4.1.4 串联电路块的并联连接指令

电路块的并联连接指令为 OLD(Or Load)。

两个以上触点串联形成的支路叫串联电路块。当出现多个串联电路块并联时,就不能简单地用触点并联指令,而必须用块或指令来实现逻辑运算。

OLD(Or Load):块或指令。用于串联电路块的并联连接。

如图 4.4 所示为 OLD 指令的用法。

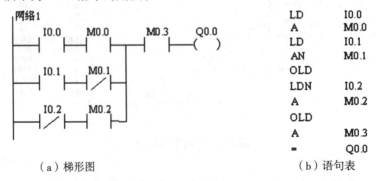

（a）梯形图   （b）语句表

图 4.4   串联电路块的并联连接指令

使用说明：

①除在网络块逻辑运算的开始使用 LD 或 LDN 指令外,在块电路的开始也要使用 LD 或 LDN 指令。

②每完成一次块电路的并联时要写上 OLD 指令。

③OLD 指令无操作数。

4.1.5　并联电路块的串联连接指令

电路块的串联连接指令为 ALD(And Load)。

两条以上支路并联形成的电路叫并联电路块。当出现多个并联电路块串联时,就不能简单地用触点串联指令,而必须用块与指令来实现逻辑运算。

ALD(And Load):块与指令。用于并联电路块的串联连接。

如图 4.5 所示为 ALD 指令的用法。

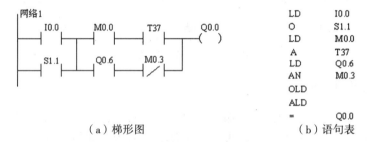

（a）梯形图　　　（b）语句表

图 4.5　并联电路块的串联连接指令

使用说明：

①在块电路开始时要使用 LD 和 LDN 指令。

②在每完成一次块电路的串联连接后要写上 ALD 指令。

③ALD 指令无操作数。

4.1.6　置位、复位指令

置位(S)、复位(R)指令的 LAD 和 STL 形式以及功能见表 4.1。

表 4.1　置位、复位指令的 LAD 和 STL 形式以及功能

	LAD	STL	功能
置位指令	bit ——(S) N	S bit,N	从 bit 开始的 N 个元件置 1 并保持,N 的范围为 1~255
复位指令	bit ——(R) N	R bit,N	从 bit 开始的 N 个元件清 0 并保持,N 的范围为 1~255

如图 4.6 所示为 S、R 指令的用法。

159

使用说明：

①对位元件来说，一旦被置位，就保持在接通状态，除非对它复位；而一旦被复位，就保持在断电状态，除非再对它置位。

②S、R指令可以互换次序使用，但由于PLC采用扫描工作方式，所以写在后面的指令具有优先权。如在图4.6中，若I0.0和I1.1同时为1，则Q0.0、Q0.1肯定处于复位状态而为0。

③如果对计数器和定时器复位，则计数器和定时器的当前值被清零。

④N的范围为1~255，N可为：VB、IB、QB、MB、SMB、SB、LB、AC、常数。

⑤S、R指令的操作数为：I、Q、M、SM、T、C、V、S和L。

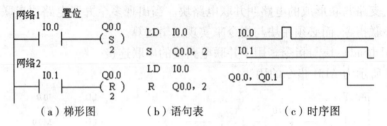

图4.6 置位、复位指令

4.1.7 立即指令

立即指令是为了提高PLC对输入/输出的响应速度而设置的，它不受PLC循环扫描工作方式的影响，允许对输入和输出点进行快速直接存取。当用立即指令读取输入点(I)的状态时，相应的输入映像寄存器中的值并未更新；当用立即指令访问输出点(Q)时，新值同时写到PLC的物理输出点和相应的输出映像寄存器。立即指令的名称和使用说明见表4.2。

表4.2 立即指令的名称和使用说明

指令名称	STL	LAD	使用说明
立即取	LDI bit	bit —|I|—	bit 只能为 I
立即取反	LDNI bit		
立即或	OI bit		
立即或反	ONI bit	bit —|/I|—	
立即与	AI bit		
立即与反	ANI bit		
立即输出	= I bit	bit (I)	bit 只能为 Q
立即置位	SI bit,N	bit (SI) N	1. bit 只能为 Q 2. N 的范围：1—128 3. N 的操作数同 S、R 指令
立即复位	RI bit,N	bit (RI) N	

4.1.8　边沿脉冲指令

边沿脉冲指令分为上升沿脉冲 EU(Edge Up)和下降沿脉冲 ED(Edge Down)。

边沿脉冲指令的使用及说明见表4.3。

表4.3　边沿脉冲指令使用说明

指令名称	LAD	STL	功能	说明
上升沿脉冲	–|P|–	EU	在上升沿产生一个扫描周期的脉冲	无操作数
下降沿脉冲	–|N|–	ED	在下降沿产生一个扫描周期的脉冲	

　　EU 指令对其之前的逻辑运算结果的上升沿产生一个宽度为一个扫描周期的脉冲,如图4.7 中的 M0.0。ED 指令对逻辑运算结果的下降沿产生一个宽度为一个扫描周期的脉冲,如图 4.7 中的 M0.1。脉冲指令常用于复位、启动及关断条件的判定,以及配合功能指令完成一些逻辑控制任务。

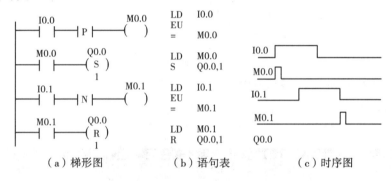

（a）梯形图　　　　（b）语句表　　　　（c）时序图

图4.7　边沿脉冲指令

技能训练

技能训练1　熟悉 STEP7 编程软件及基本逻辑指令

一、实训目的

①熟悉 STEP7-Micro/WIN 编程软件的使用方法。

②掌握 S7-200 PLC 的结构和接线方法。

③进一步理解 PLC 指令的功能。

二、实训设备及元件

①安装有 STEP7-Micro/WIN 编程软件的电脑一台。

②S7-200PLC 实训装置。

③PC/PPI + 通信电缆线。

④开关、指示灯、导线等必备设备。

三、实训内容

1. 接线

按照图 4.8 所示连接按钮 SB_1、SB_2 和指示灯 EL_1、EL_2、EL_3。

PLC 接线图及接线

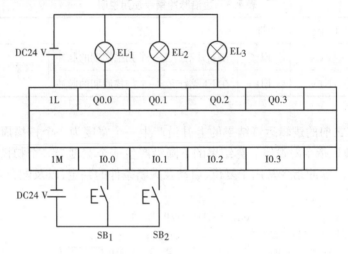

图 4.8　连接按钮和指示灯

2. 熟悉 STEP7-Micro/WIN 编程软件

STEP7-Micro/WIN 编程软件界面如图 4.9 所示。

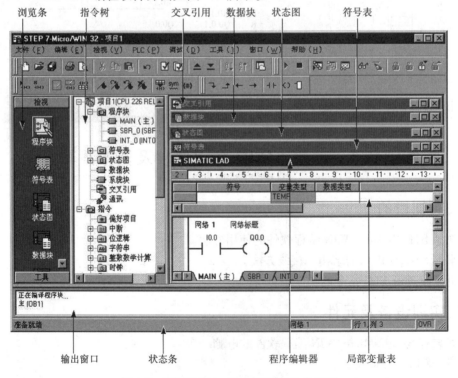

图 4.9　STEP7-Micro/WIN 编程软件界面图

3.使用编程软件创建一个 PLC 程序并执行

（1）创建一个项目或打开已有的项目

执行菜单命令"文件"→"新建"或按工具条最左边的【新建项目】按钮,可以生成一个新的项目。执行菜单命令"文件"→"另存为"可以修改项目的名称和项目文件所在的目录。

（2）设置 PLC 型号

执行菜单命令"PLC"→"类型",在出现的对话框中,可以选择型号,如图4.10所示。

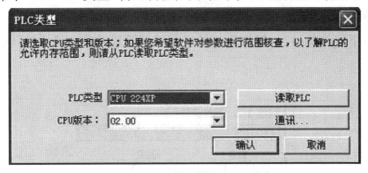

图 4.10　PLC 类型弹出界面

（3）编写用户程序

通过工具条中的按钮,编辑 PLC 程序,如图4.11所示。

图 4.11　PLC 程序工具条

例如:输入以下程序:

```
        I0.0      I0.1      Q0.0
      ──┤ ├──────┤/├──────( )──
        Q0.0
      ──┤ ├──
```

（4）编译用户程序

通过工具条中的按钮✓,编译 PLC 程序。从下边的输出窗口中查看有无错误。

（5）设置通信参数

单击浏览条中的"通信"图标,打开通信窗口,双击"双击刷新",以搜索所连接的 PLC。找到后,即出现该 PLC 的型号及图标,然后单击"取消"。

（6）下载程序

通过工具条中的按钮▼,下载 PLC 程序至 PLC 中。

（7）运行 PLC

通过工具条中的按钮▶,使 PLC 处于运行模式。

（8）程序的在线监控

通过工具条中的按钮📷,在线监控 PLC 程序的执行状态。

(9)启动程序

按下实验板上相应的按钮 SB₁,启动程序,观察实验结果是否正确。

(10)停止程序运行

按下停止按钮 SB₂,停止程序,可终止程序运行。

(11)PLC 停止模式

通过按下工具条中的按钮 ■,可使 PLC 处于停止模式。

4. 逻辑指令练习

依次输入以下程序并运行,根据运行结果归纳其逻辑功能。注意:每次只能输入一个程序。

程序1:

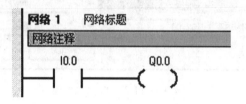

程序2:

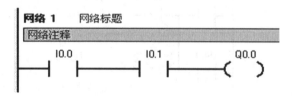

程序3:

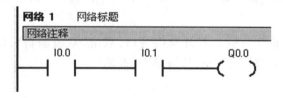

程序4:

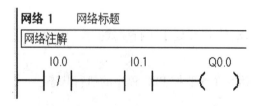

程序5:

程序 6：

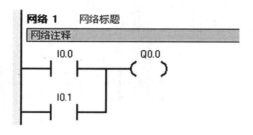

程序 7：

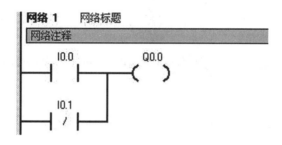

技能训练 2　三相异步电动机的启停控制

一、实训目的

①掌握 PLC 外部电源及 I/O 单口电路接线原理与方法。
②熟悉电动机主电路与控制电路的关系。

二、实训设备及元件

①安装有 STEP7-Micro/WIN 编程软件的电脑 1 台。
②S7-200PLC 实训装置。
③PC/PPI + 通信电缆线。
④开关、指示灯、导线等必备设备。

三、实训控制要求

如图 4.12 所示是一个用继电器接触器控制的三相交流电动机的起停控制电路,其特点是:当按下启动按钮时,电动机就启动连续运转;当按下停止按钮时,电动机就停止运行。该电路采用了热继电器 FR 为电动机 M 的过载保护。现在要求用 PLC 设计控制线路。

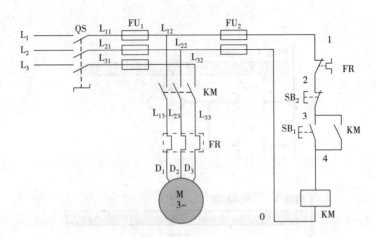

图 4.12　继电器接触器控制三相交流电动机起停控制图

四、实训内容

1. I/O 分配

根据控制要求,I/O 端口分配情况如表所示:

输入信号			输出信号		
PLC 地址	电气符号	功能说明	PLC 地址	电气符号	功能说明
I0.0	SB_1	启动按钮	Q0.0	KM_1	接触器线圈
I0.1	SB_2	停止按钮			
I0.2	FR	热继电器			

2. PLC 的输入输出接线原理图

S7-200PLC 的输入输出接线原理,如图 4.13 所示。

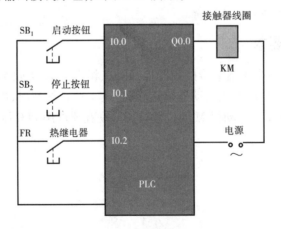

图 4.13　PLC 输入输出接线原理图

3. 梯形图程序

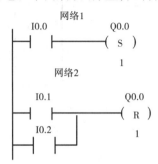

采用 R/S 指令编程也可实现电机单向启动、停止,控制程序如下:

技能训练 3 三相异步电动机的正反转控制

一、实训目的

①掌握 PLC 外部电源及 I/O 单口电路接线原理与方法。
②学会用可编程控制器实现三相异步电动机正反转控制的编程方法。

二、实训设备及元件

①安装有 STEP7-Micro/WIN 编程软件的电脑 1 台。
②S7-200PLC 实训装置。
③PC/PPI + 通信电缆线。
④开关、指示灯、导线等必备设备。

三、实训控制要求

如图 4.14 所示是一个用继电器接触器控制的三相交流电动机正反转的控制电路,控制要求如下:

①按下启动按钮 SB_2 后,电动机开始正转,按下启动按钮 SB_3 后,电动机切换至反转,反之亦可自由切换。

②如果按动停止按钮,不管电动机在哪个状态(正转、反转),电动机都要停止运行,不再循环运行。

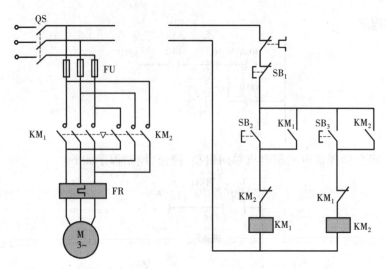

图 4.14　继电器接触器控制的三相交流电动机正反转控制电路图

四、实训内容

1.I/O 分配

根据控制要求,I/O 端口分配情况如表所示:

输入信号			输出信号		
PLC 地址	电气符号	功能说明	PLC 地址	电气符号	功能说明
I0.1	SB₁	停止按钮	Q0.0	KM₁	正转接触器线圈
I0.2	SB₂	正转按钮	Q0.1	KM₂	反转接触器线圈
I0.3	SB₃	反转按钮			
I0.4	FR	R 热继电器			

2.PLC 的输入输出接线原理图

继电器接触器控制的三相交流电动机正反转输入输出接线原理图,如图 4.15 所示。

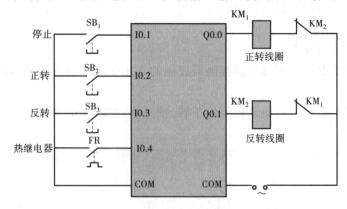

图 4.15　输入输出接线原理图

3. 梯形图程序

4. 思考题

请使用 R/S 指令编写梯形图程序来实现三相异步电动机正反转控制。

技能训练4　三组抢答器的设计

一、实训目的

①掌握 PLC 外部电源及 I/O 单口电路接线原理与方法。
②强化 PLC 基本逻辑指令的应用。

二、实训设备及元件

①安装有 STEP7-Micro/WIN 编程软件的电脑1台。
②S7-200PLC 实训装置。
③PC/PPI + 通信电缆线。
④按钮、指示灯、导线等必备设备。

三、实训控制要求

①有3个抢答席和1个主持人席,每个抢答席上各有1个抢答按钮和1盏抢答指示灯。
②参赛者在允许抢答时,第1个按下抢答按钮的抢答席上的指示灯将会亮,且释放抢答按钮后,指示灯仍然亮。
③此后另外两个抢答席上即使按下各自的抢答按钮,其指示灯也不会亮。这样主持人就可以轻易地知道谁是第1个按下抢答器的。
④该题抢答结束后,主持人按下主持席上的复位按钮,则指示灯熄灭,又可以进行下一题的抢答比赛。

四、实训内容

1. 工艺要求

本控制系统有4个按钮,其中3个常开 S_1、S_2、S_3,一个常闭 S_0。另外,作为控制对象有3

169

盏灯 H_1、H_2、H_3。

2. I/O 分配

根据控制要求,I/O 端口分配情况如表所示:

输入信号			输出信号		
PLC 地址	电气符号	功能说明	PLC 地址	电气符号	功能说明
I0.0	S_0	主持席复位按钮	Q0.1	H_1	抢答席 1 指示灯
I0.1	S_1	抢答按钮 1	Q0.2	H_2	抢答席 2 指示灯
I0.2	S_2	抢答按钮 2	Q0.3	H_3	抢答席 3 指示灯
I0.3	S_3	抢答按钮 3			

3. 梯形图程序

本实训的要点是:如何实现抢答器指示灯的"自锁"功能,即当某一抢答席抢答成功后,即使释放其抢答按钮,其指示灯仍然亮,直至主持人进行复位才熄灭;如何实现 3 个抢答席之间的"互锁"功能。

五、实训总结

在 PLC 编程过程中,首先要了解受控设备及工艺过程、分析控制系统的要求,然后根据受控系统的工艺要求,确定 I/O 分配,再设计执行元件的控制程序,加入互锁条件和保护条件,最后根据控制要求修改、完善程序,进行程序调试。

任务 4.2　定时器与计数器指令及应用

　相关知识

4.2.1　定时器指令

按时间控制是最常用的逻辑控制形式,因此,定时器是 PLC 中最常用的元件之一。用好、用对定时器对 PLC 程序设计非常重要。

定时器是根据预先设定的定时值,按一定的时间单位进行计时的 PLC 内部装置,在运行过程中当定时器的输入条件满足时,当前值从 0 开始按一定的单位增加。当定时器的当前值到达设定值时,定时器发生动作,从而满足各种定时逻辑控制的需要。下面详细介绍定时器的使用。

1.定时器种类

S7-200 PLC 为用户提供了 3 种类型的定时器:接通延时定时器(TON)、有记忆接通延时定时器(TONR)和断开延时定时器(TOF)。对于每一种定时器,又根据定时器的分辨率的不同,分为:1 ms、10 ms 和 10 ms 3 个精度等级。

定时器定时时间 T 的计算:$T = PT \times S$。式中:T 为实际定时时间,PT 为设定值,S 为分辨率。例如:TON 指令使用 T35(为 10 ms 的定时器),设定值为 100,则实际定时时间为:

$$T = 100 \times 10 = 1\ 000\ ms$$

定时器的设定值 PT:数据类型为 INT 型。操作数可为:VW、IW、QW、MW、SW、SMW、LW、AIW、T、C、AC、* VD、* AC、* LD 和常数,其中常数最为常用。

定时器的编号用定时器的名称和它的常数编号(最大为 255)来表示,即 T×××。如:T40。定时器的编号包含两方面的变量信息:定时器位和定时器当前值。定时器位即定时器触点,与其他继电器的输出相似。当定时器的当前值达到设定值 PT 时,定时器的触点动作。定时器当前值即定时器当前所累计的时间值,它用 16 位符号整数来表示,最大计数值为 32 767。定时器的分辨率和编号如表 4.4 所列。

表 4.4　定时器分辨率和编号

定时器类型	分辨率/ms	最大当前值/s	定时器编号
	1	32.767	T0,T64
TONR	10	327.67	T1 ~ T4,T65 ~ T68
	100	3 276.7	T5 ~ T31,T69 ~ T95
	1	32.767	T32,T96
TON,TOF	10	327.67	T33 ~ T36,T97 ~ T100
	100	3 276.7	T37 ~ T63,T101 ~ T255

从表 4.4 可以看出 TON 和 TOF 使用相同范围的定时器编号,需要注意的是,在同一个 PLC 程序中绝不能把同一个定时器号同时用作 TON 和 TOF。例如在程序中,不能既有接通延

时(TON)定时器 T32,又有断开延时(TOF)定时器 T32。

2.定时器指令的使用

3 种定时器指令的 LAD 和 STL 格式见表4.5。

表4.5 定时器指令的 LAD 和 STL 形式

格式	名称		
	接通延时定时器	有记忆接通延时定时器	断开延时定时器
LAD	Tn —IN TON —PT	Tn —IN TONR —PT	Tn —IN TOF —PT
STL	TON T＊＊＊, PT	TONR T＊＊＊, PT	TOF T＊＊＊, PT

（1）接通延时定时器 TON(On—Delay Timer)

接通延时定时器用于单一时间间隔的定时。上电周期或首次扫描时,定时器位为 OFF,当前值为 0。输入端接通时,定时器位为 OFF,当前值从 0 开始计时,当前值达到设定值时,定时器位为 ON,当前值仍继续计数,直到 32 767 为止。输入端断开,定时器自动复位,即定时器位为 OFF,当前值为 0。

（2）记忆接通延时定时器 TONR(Retentive On—Delay Timer)

记忆接通延时定时器对定时器的状态具有记忆功能,它用于对许多间隔的累计定时。首次扫描或复位后上电周期,定时器位为 OFF,当前值为 0。当输入端接通时,当前值从 0 开始计时。当输入端断开时,当前值保持不变。当输入端再次接通时,当前值从上次的保持值继续计时,当前值累计达到设定值时,定时器位 ON 并保持,只要输入端继续接通,当前值可继续计数到 32 767。

需要注意的是,断开输入端或断开电源都不能改变 TONR 定时器的状态,只能用复位指令 R 对其进行复位操作。

（3）断开延时定时器 TOF(Off—Delay Timer)

断开延时定时器用来在输入断开后延时一段时间断开输出。上电周期或首次扫描,定时器位为 OFF,当前值为 0。输入端接通时,定时器位为 ON,当前值为 0。当输入端由接通到断开时,定时器开始计时。当达到设定值时定时器位为 OFF,当前值等于设定值,停止计时。输入端再次由 OFF—ON 时,TOF 复位;如果输入端再从 ON—OFF,则 TOF 可实现再次启动。

图4.16 所示为 3 种类型定时器的基本使用举例,其中 T35 为 TON、T2 为 TONR、T36 为 TOF。

4.2.2 计数器指令

S7-200 系列 PLC 的计数器分为一般用途计数器和高速计数器两大类。一般用途计数器用来累计输入脉冲的个数,其计数速度较慢,其输入脉冲频率必须要小于 PLC 程序扫描频率,一般最高为几百 Hz,所以在实际应用中主要用来对产品进行计数等控制任务。高速计数器主要用于对外部高速脉冲输入信号进行计数,例如在定位控制系统中,位置编码器的位置反馈脉冲信号一般高达几 kHZ,有时甚至达几十 kHZ,远远高于 PLC 程序扫描频率,这时一般的

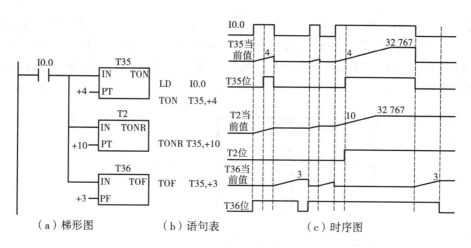

（a）梯形图　　　（b）语句表　　　（c）时序图

图4.16　定时器指令

计数器已经无能为力,对于这样的高速脉冲输入信号计数 PLC 采用的是与程序扫描周期无关的中断方式来实现的。

1.计数器种类和编号

S7-200 系列 PLC 的计数器有 3 种:增计数器 CTU、增减计数器 CTUD 和减计数器 CTD。

计数器的编号用计数器名称和数字(0~255)组成,即 C×××,如 C6。计数器的编号包含两方面的信息:计数器的位和计数器当前值。计数器位和继电器一样是一个开关量,表示计数器是否发生动作的状态。当计数器的当前值达到设定值时,该位被置位为 ON。计数器当前值是一个存储单元,它用来存储计数器当前所累计的脉冲个数,用 16 位符号整数来表示,最大数值为 32 767。

计数器的设定值输入数据类型为 INT 型。寻址范围:VW、IW、QW、MW、SW、SMW、LW、AIW、T、C、AC、* VD、* AC、* LD 和常数。一般情况下使用常数作为计数器的设定值。

2.计数器指令使用说明

计数器指令的 LAD 和 STL 格式见表4.6。

表 4.6　计数器指令的 LAD 和 STL 形式

格式	名称		
	增计数器	增减计数器	减计数器
LAD	Cn CU CTU R PV	Cn CU CTUD CD R PV	Cn CU CTD LD PV
STL	CTU C * * *, PV	CTUD C * * *, PV	CTD C * * *, PV

（1）增计数器 CTU(Count Up)

首次扫描时,计数器位为 OFF,当前值为 0。在计数脉冲输入端 CU 的每个上升沿,计数器计数 1 次,当前值增加一个单位。当前值达到设定值时,计数器位为 ON,当前值可继续计数到 32 767 后停止计数。复位输入端有效或对计数器执行复位指令,计数器复位,即计数器位为 OFF,当前值为 0。图 4.17 所示为增计数器的用法。需要注意:在语句表中,CU、R 的编程顺序不能错误。

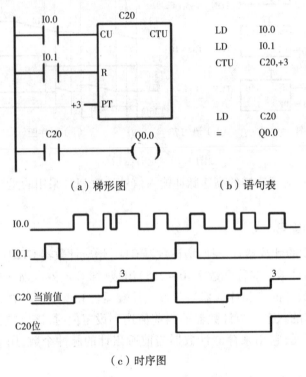

（a）梯形图　　　　（b）语句表

（c）时序图

图 4.17　增计数器指令

（2）减计数器 CTD（Count Down）

首次扫描时,计数器位为 OFF,当前值为预设定值 PV。对 CD 输入端的每个上升沿计数器计数 1 次,当前值减少一个单位,当前值减小到 0 时,计数器位为 ON,当前值停止计数保持为 0。复位输入端有效或对计数器执行复位指令,计数器复位,即计数器位为 OFF,当前值复位为设定值。图 4.18 所示为减计数器的用法。

（3）增、减计数器 CTUD（Count Up/Down）

增减计数器有两个计数脉冲输入端:CU 输入端用于递增计数,CD 输入端用于递减计数。首次扫描时,定时器位为 OFF,当前值为 0。CU 输入的每个上升沿,计数器当前值增加 1 个单位;CD 输入的每个上升沿,都使计数器的当前值减小 1 个单位,当前值达到设定值时,计数器位置位为 ON。

增减计数器当前值计数到 32 767（最大值）后,下一个 CU 输入的上升沿将使当前值跳变为最小值（-32 768）;当前值达到最小值 -32 768 后,下一个 CD 输入的上升沿将使当前值跳变为最大值 32 767。复位输入端有效或使用复位指令对计数器执行复位操作后,计数器复位,即计数器位为 OFF,当前值为 0。图 4.19 所示为增、减计数器的用法。

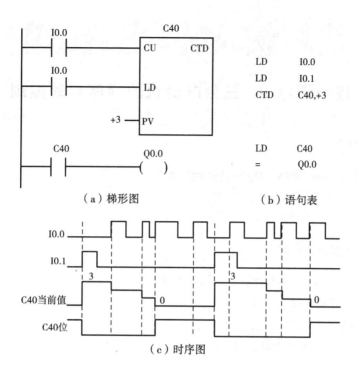

（a）梯形图　　　　　　（b）语句表

（c）时序图

图4.18　减计数器指令

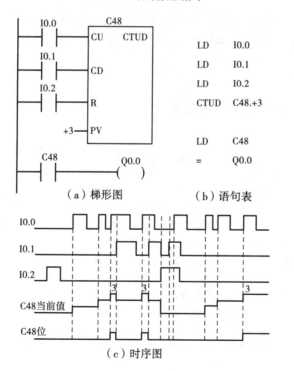

（a）梯形图　　　　　　（b）语句表

（c）时序图

图4.19　增、减计数器

技能训练 1 三台电动机的顺序启动控制

一、实训目的

①熟悉 STEP7-Micro/WIN 编程软件的使用方法。
②掌握 S7-200 PLC 的结构和接线方法。
③掌握定时器指令的使用方法。

二、实训设备及元件

①安装有 STEP7-Micro/WIN 编程软件的电脑 1 台。
②S7-200PLC 实训装置。
③PC/PPI + 通信电缆线。
④开关、指示灯、导线等必备设备。

三、实训控制要求

控制三台电动机的启停,当按下启动按钮 SB_1 后,电机 D_1 启动,3 s 后电机 D_2 启动,再过 5 s 后电机 D3 启动;按下停止按钮 SB_2 后,三台电动机同时停止转动。

四、实训内容

1.请根据控制要求画出系统的主电路

2.I/O 分配

根据控制要求,I/O 端口分配情况如表所示:

输入信号			输出信号		
PLC 地址	电气符号	功能说明	PLC 地址	电气符号	功能说明
I0.0	SB_1	启动按钮	Q0.1	D_1	第一台电动机
I0.1	SB_2	停止按钮	Q0.2	D_2	第二台电动机
			Q0.3	D_3	第三台电动机

3.梯形图程序

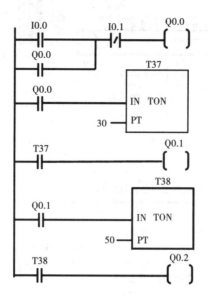

技能训练2 产品数量自动检测

一、实训目的

①熟悉 STEP7-Micro/WIN 编程软件的使用方法。

②掌握 S7-200 PLC 的结构和接线方法。

③掌握计数器指令的使用方法。

二、实训设备及元件

①安装有 STEP7-Micro/WIN 编程软件的电脑 1 台。

②S7-200PLC 实训装置。

③PC/PPI + 通信电缆线。

④开关、指示灯、导线等必备设备。

三、实训控制要求

某产品自动分拣打包机,如图 4.20 所示,当按下传送带启动按钮,传送带开始运转,并带动其上面的产品向前移动,在传送带末端安装有一个用来检测产品通过的传感器,当通过 24 个产品后,传送台另一端的机械手便动作一次,将 24 个产品封装成箱。

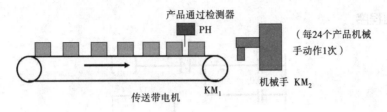

图 4.20　传送带示意图

四、实训内容

1. I/O 分配

根据控制要求,I/O 端口分配情况如表所示:

输入信号			输出信号		
PLC 地址	电气符号	功能说明	PLC 地址	电气符号	功能说明
I0.0	SB_1	传送带停止按钮	Q0.1	KM_1	传送带电机
I0.1	SB_2	传送带启动按钮	Q0.2	KM_2	机械手
I0.2	PH	产品通过检测器			

2. 梯形图程序

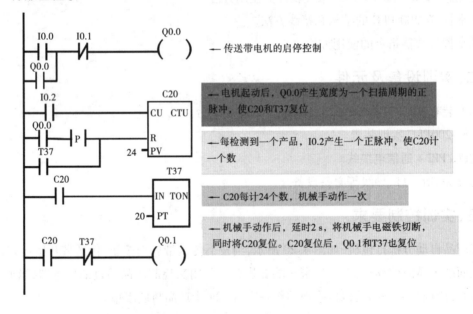

任务 4.3　S7-200 顺序控制指令及应用

4.3.1　顺序控制指令

为了便于实现功能图描述的程序设计,S7-200 PLC 编程环境提供了三条顺序控制指令,其指令的格式、功能及操作数形式见表4.7所示。

表4.7　顺序控制指令的形式及功能

STL 指令	LAD 指令	功能	操作对象 bit
LSCR　　bit	bit ┤ SCR │	顺序状态开始	顺序控制继电器 S(位) (S0.0 ~ S31.7)
SCRT　　bit	bit ──(SCRT)	顺序状态转移	顺序控制继电器 S(位) (S0.0 ~ S31.7)
SCRE	├──(SCRE)	顺序状态结束	无

①顺序状态开始/顺序状态结束指令(LSCR/SCRE)。

LSCR 指令(在前)为功能图中一个状态的开始,SCRE 指令(在后)为这个状态的结束,其中间部分为顺序段(SCR 段),该段对应功能图中状态的动作指令。LSCR 指令操作对象 bit 为顺序控制继电器 S 中的某个位(范围为 S0.0 ~ S31.7),当某个位有效时,激活所在的 SCR 段。S 中各位的状态用来表示功能图中的一种状态。

②顺序状态转移指令 SCRT。

SCRT 指令功能:在输入控制端有效时,该指令操作数 bit 置位激活下一个 SCR 段的状态(下一个 SCR 段的开始指令 LSCR 的 bit 必须与本指令的 bit 相同),使下一个 SCR 段开始工作,同时使该指令所在段停止工作,状态器复位。

③在每一个 SCR 段中,需要设计满足什么条件后使状态发生转移,这个条件作为执行 SCRT 指令的输入控制逻辑信号。

【例4.1】顺序控制指令将状态 1(S0.0)转换为梯形图、语句表程序示例如图 4.21 所示。程序中顺序控制指令结构和功能如下:

1)LSCR(SCR)表示状态 1 的开始,SCRE 表示状态 1 的结束。

2)状态 1 的激活条件是 SM0.1 有效,驱动置位指令置 S0.0 = 1。

3)在状态 1 中实现驱动 Q0.0。

4)状态 1 转移到状态 2(S0.1)的条件是 I0.1 有效,执行 SCRT 指令,同时状态 1 复位。

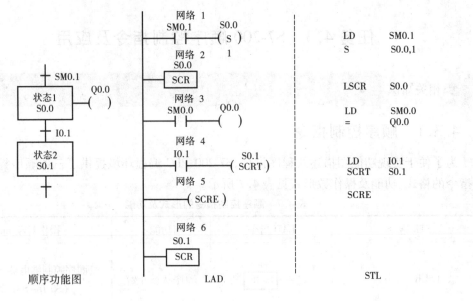

图 4.21　顺序控制指令示例

4.3.2　顺序控制指令示例

1. 简单流程

简单流程功能图的每个状态仅连接一个转移,每个转移仅连接一个状态。

【**例 4.2**】某控制系统功能图如图 4.22(a)所示,使用顺序控制指令将功能图转换为梯形图,如图 4.22(b)所示,STL 指令如图 4.22(c)所示。

本例中功能图与梯形图的转换及工作过程如下:

①由功能图可以看出,初始化脉冲 SM0.1 用来置位 S0.0,状态 1 激活;该功能在梯形图中转换为由 SM0.1 控制的置位指令 S,实现 S0.0 = 1。

②在状态 1 的 SCR 段要做的工作(动作)是置 Q0.0 为 ON,梯形图中使用 SM0.0 控制 Q0.0,这是因为线圈不能直接和母线相连,所以常用特殊中间继电器 SM0.0 位来完成动作任务。

③由功能图看出,状态 1 向状态 2 的转移条件是 I0.1 有效,在梯形图中转换为由输入触点 I0.1 控制状态转移指令 SCRT,其操作数 bit 为 S0.1,它是状态 2 的激活控制位。一旦状态 2 被激活,则本状态 1 的 SCR 段停止工作,状态 1 自动复位。

④状态 2 的动作是启动定时器,梯形图中使用 SM0.0 控制定时器 T37,定时器分辨率为 100 ms,设定值为 10,定时时间为 1 s。

⑤由功能图可以看出,状态 2 向状态 3 的转移条件是定时器 T37(定时时间 1 s),梯形图中,通过 T37 的常开触点闭合控制状态 2 的 SCRT 指令,其操作数据 bit 为状态 3 的激活位。一旦状态 3 被激活,则状态 2 的 SCR 段停止工作,状态 2 自动复位。

2. 并发性分支和联接

在控制系统中,常常需要一个顺序控制状态流并发产生两个或两个以上不同分支控制状态流,在这种情况下,所有的并发产生的分支控制状态流必须同时激活;多个分支控制流完成

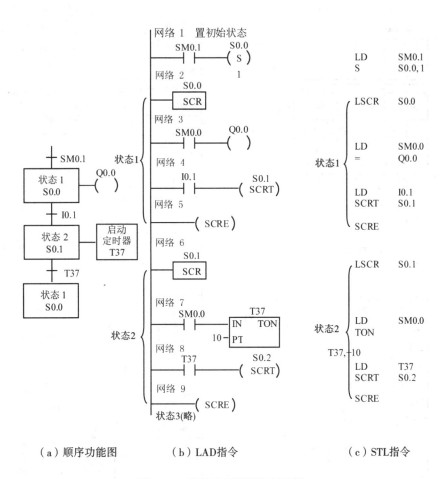

（a）顺序功能图　　　（b）LAD指令　　　（c）STL指令

图4.22　简单流程顺序控制示例

其动作任务后,也可以把这些控制流合并成一个控制流,即并发性分支的连接,在转移条件满足时才能转移到下一个状态。

【例4.3】某并发性分支、联接控制系统功能图、梯形图及指令表如图4.23所示。程序中,并发性分支的公共转移条件是I0.0有效,程序由状态S0.0并发进入S0.1和S0.3。

需要特别说明的是,并发性分支和联接时要同时使状态转移到新的状态,完成新状态的启动。另外,在状态S0.2和S0.4的SCR程序段中,由于没有使用SCRT指令,所以S0.2和S0.4的复位不能自动进行,要用复位指令对其进行复位。这种处理方法在并发性分支和联接合并时会经常用到,而且在并发性分支和联接合并前的最后一个状态往往是"等待"过渡状态。它们要等待所有并发性分支都为"真"后,才能一起转移到新的状态。这时的转移条件永远为"真",而这些"等待"状态不能自动复位,它们的复位需要使用复位指令来完成。

4.3.3　顺序指令使用说明

顺序控制指令由于自身的特殊性及其操作数据的有限范围,在使用时应注意以下几个方面。

①顺序控制指令仅对顺序控制继电器元件S位有效,由于S具有一般继电器的功能,所以也可以使用其他逻辑指令对S进行操作;

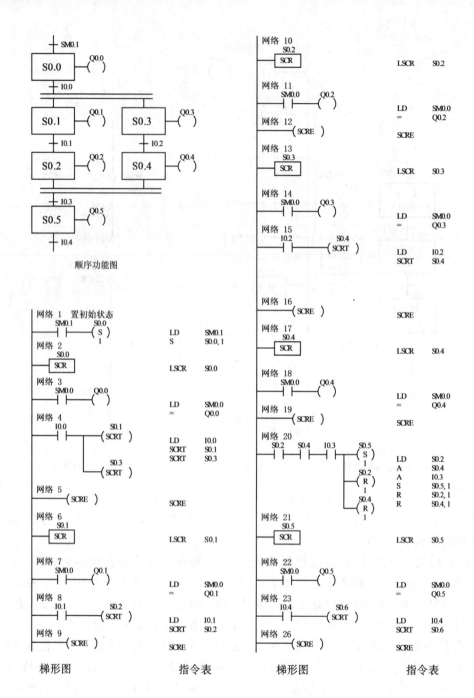

图 4.23 并发性分支和联接功能图举例

②SCR 段程序能否执行取决于该状态器(S 位)是否被置位,SCRE 与下一个 LSCR 之间可以排其他指令,但它们不能影响下一个 SCR 段程序的执行;

③同一个 S 位不能用于不同程序中;

④不允许跳入或跳出 SCR 段,在 SCR 段也不能使用 JMP 和 LBL 指令(不允许内部跳转),但可以在 SCR 段附近使用跳转和标号指令;

⑤在 SCR 段中不允许使用 FOR、NEXT 和 END 指令;

⑥在状态发生转移后,所有的 SCR 段的元器件一般也要复位,如果希望继续输出,可使用置位/复位指令。

技能训练 1　皮带运输机的控制

一、实训目的

①熟悉 STEP7-Micro/WIN 编程软件的使用方法。
②掌握 S7-200 PLC 顺序控制编程方法。
③强化 PLC 各个指令的使用方法。

二、实训设备及元件

①安装有 STEP7-Micro/WIN 编程软件的电脑 1 台。
②S7-200PLC 实训装置。
③PC/PPI + 通信电缆线。
④开关、指示灯、导线等必备设备。

三、实训控制要求

皮带运输机广泛地用于机械、化工、冶金、煤矿和建材等工业生产中。图 4.24 所示为某原材料皮带运输机的示意图。原材料从料斗经过 PD_1、PD_2 两台皮带运输机送出,由电磁阀 M_0 控制从料斗向 PD_1 供料,PD_1、PD_2 分别由电动机 M_1 和 M_2 控制。

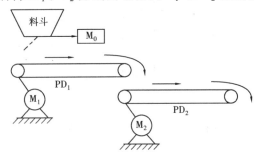

图 4.24　皮带运输机示意图

①初始状态,料斗、PD_1 和 PD_2 全部处于关闭状态。

②启动操作,启动时为了避免在前段运输皮带上造成物料堆积,要求逆料方向按一定的时间间隔顺序启动。其操作步骤如下:PD_2→延时 6 s→PD_1→延时 6 s→料斗 M_0。

③停止操作,停止时为了使运输机皮带上不留剩余的物料,要求顺物料流动的方向按一定的时间间隔顺序停止。其停止的顺序如下:料斗→延时 10 s→PD_1→延时 10 s→PD_2。

④故障停止,在皮带运输机的运行中,若皮带 PD_1 过载,应把料斗和 PD_1 同时关闭,PD_2 应在 PD_1 停止 10 s 后停止。若 PD_2 过载,应把 PD_1、PD_2(M_1、M_2)和料斗 M_0 都关闭。

四、实训内容

1. I/O 分配

根据控制要求,I/O 端口分配情况如表所示:

输入地址		输出地址	
启动按钮	I0.0	M_0 料斗控制	Q0.0
停止按钮	I0.1	M_1 的接触器	Q0.1
M_1 的热继电器	I0.2	M_2 的接触器	Q0.2
M_2 的热继电器	I0.3		

2. 设计顺序功能图

根据皮带运输机控制要求设计的功能图如图 4.25 所示:

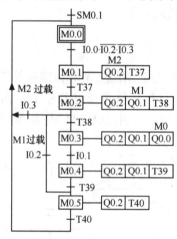

图 4.25　皮带运输机控制功能图

3. 设计梯形图程序

皮带运输机的 PLC 梯形图程序。

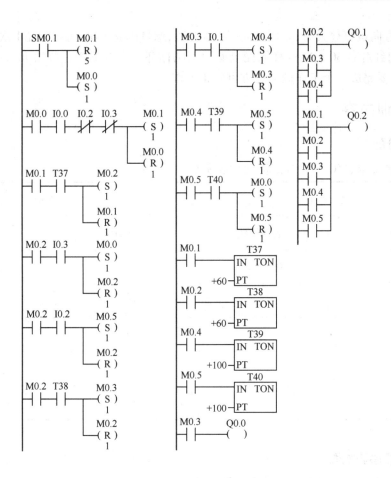

技能训练 2　　交通灯的控制

一、实训目的

①熟悉 STEP7-Micro/WIN 编程软件的使用方法。
②掌握 S7-200 PLC 顺序控制编程方法。
③强化 PLC 各个指令的使用方法。

二、实训设备及元件

①安装有 STEP7-Micro/WIN 编程软件的电脑 1 台。
②S7-200PLC 实训装置。
③PC/PPI + 通信电缆线。
④开关、指示灯、导线等必备设备。

三、实训控制要求

当按下起动按钮 SB₁ 时,东西方向红灯亮 30 s,南北方向绿灯亮 25 s,绿灯闪亮 3 s,每秒闪亮 1 次,然后黄灯亮 2 s。

当南北方向黄灯熄灭后,东西方向绿灯亮 25 s,绿灯闪亮 3 次,每秒闪亮 1 次,然后黄灯亮 2 s,南北方向红灯亮 30 s,就这样周而复始地不断循环。当按下停止按钮 I0.1 时,系统并不能马上停止,要完成 1 个工作周期后方可停止工作。

四、实训内容

1. I/O 分配

根据控制要求,I/O 端口分配情况如表所示:

输入地址		输出地址	
I0.0	启动按钮	Q0.0	东西红灯
I0.1	停止按钮	Q0.1	东西绿灯
		Q0.2	东西黄灯
		Q0.3	南北红灯
		Q0.4	南北绿灯
		Q0.5	南北黄灯

2. 设计顺序功能图

根据控制要求设计的顺序功能图如图 4.26 所示:

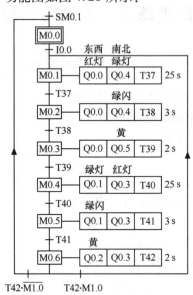

图 4.26　交通灯控制顺序功能图

3. 设计梯形图程序

根据顺序功能图设计出的梯形图程序。

五、实训总结

PLC 编程是熟能生巧的过程,要通过多读多看别人写得好的程序来累积经验,并通过自己多次的编写程序来提高自己的编程逻辑与技巧。

参考文献

［1］林平勇,高嵩.电工电子技术[M].北京:高等教育出版社,2019.

［2］席时达.电工技术[M].5版.北京.高等教育出版社,2019.

［3］董昌春.电工电子技术[M].北京:高等教育出版社,2017.

［4］王磊,曾令琴.电子技术基础[M].3版.北京:人民邮电出版社,2018.

［5］赵景波,逄锦梅.电子技术[M].2版.北京:人民邮电出版社,2015.

［6］马猛猛.PLC在步进电机控制中的应用探究[J].科技创新与应用,2019(1):161-162.

［7］王连英.模拟电子技术[M].3版.北京:高等教育出版社:2014.

［8］黄军辉,傅沈文.电工技术[M].3版.北京:人民邮电出版社,2016.

［9］王玫.电路原理[M].2版.北京:中国电力出版社,2018.

［10］吴晓君,杨向明.电气控制与可编程控制器应用[M].北京:中国建材工业出版社,2004.

［11］孙玉杰.电工电子技术实验教程[M].北京:机械工业出版社,2009.

［12］赵红利,刘旭.电子技能与实训[M].北京:化学工业出版社,2012.

［13］刘旭,赵红利.电子测量技术与实训[M].北京:清华大学出版社,2010.